シミュレーションで描く日本経済・金融の未来図

A WORLD WITH
POSITIVE   展望   HATTORI NAOKI
INTEREST RATES   ARITA KENTARO

金利の
ある世界

みずほリサーチ&テクノロジーズ株式会社
服部直樹・有田賢太郎 [編著]

一般社団法人 金融財政事情研究会

はじめに

　いま、日本経済は歴史的な転換点を迎えています。2022年頃から海外発の資源高や円安の影響などによりインフレ率が急上昇したことに加え、2024年の春闘では賃上げ率が約30年ぶりの高い伸びになるなど、物価や賃金をめぐる環境が大きく変わりつつあります。こうした動きを受け、2024年3月に日本銀行は10年超に及んだいわゆる「異次元緩和」に終止符を打ち、金融政策の正常化に向けた第一歩を踏み出しました。

　「この先、金利はどこまで上がる可能性があるか」「日本銀行が利上げを進めるための条件は何か」「金利上昇によって、企業や家計にどんな影響が生じるか」──。経済の局面変化を前にして、このような疑問をもつ読者も少なくないでしょう。

　そこで本書では、日本銀行が段階的に利上げを進める経済状態を「金利のある世界」と名付け、そうした世界が実現するための条件について考えるとともに、「金利のある世界」が金融市場、企業、家計、政府、金融機関に及ぼす影響をシミュレーションしました。その結果明らかになったのは、経済・金融の全般にわたって生じる大きな構造変化と、新たな世界へ適応するために必要な取組みの重要性です。

　もちろん、日本で「金利のある世界」が本当に実現するかどうかは、まだだれにもわかりません。しかしながら、冒頭で示した物価・賃金の環境変化をふまえれば、決して非現実的なシナリオとはいえないでしょう。将来起こりうる「金利のある世界」をどこまで詳細に分析し、日本経済の発展に資する提言を示すことができるか──。本書のタイトル『【展望】金利のある世界──シミュレーションで描く日本経済・金融の未来図』には、エコノミストとしてのそうした思いを込めました。

本書の構成

　本書の構成は次のとおりです。

　導入部に当たる第1章では、「金利のある世界」に注目が集まっているのはなぜか、その背景を紹介します。第2章から第4章まででは、具体的なシミュレーションを行います。「金利のある世界」が実現する条件を整理したうえで、金利、実体経済（企業、家計、政府）、金融機関に及ぼす影響を分析します。最後に、第5章でシミュレーションをふまえた日本経済・金融のあるべき姿を提言します。以下、各章の内容を簡単に紹介しましょう。

　第1章では、過去の金融指標やインフレの動きを振り返りながら、日本が「金利のある世界」に近づきつつあるさまざまな兆候を紹介します（第1節）。また、2020年以降に欧米で起きた想定外の高インフレと急速な利上げ対応について整理したうえで、日本で今後生じうる金融政策転換の可能性に言及します（第2節）。

　第2章では、「金利のある世界」が実現した場合の政策金利、長期金利についてシミュレーション分析を行います。そもそも「金利のある世界」としてどのような経済状態を想定すべきか、実現に向けて必要な取組みは何かを示します（第1節）。そのうえで、日本銀行が政策金利をどこまで、どれくらいのペースで引き上げることができるか（第2節）、その時に金融市場で決まる長期金利がどこまで上昇するか（第3節）を試算します。

　第3章では、日本の実体経済、すなわち企業、家計、政府（財政）のシミュレーション分析を行います。最初に、第2章の結果をふまえ、借入金利や預金金利といった企業・家計が直面するさまざまな金利の上昇幅を試算します（第1節）。企業への影響では、「金利のある世界」の背景にある経済の拡大や為替変動の要因も考慮して、金利上昇に伴う経常利益の変化率を産業別・規模別に計算します（第2節）。家計では、預金や有価証券から得られ

る金融資産所得が増えるメリットと、住宅ローンの利払い負担が増えるデメリットを比較し、差引きでプラス・マイナスどちらの影響が大きいかを、世帯の収入や年齢別に分析します（第3節）。最後に、政府の財政運営について税収と利払費を試算し、金利が上昇するなかで中長期的な財政健全化の取組みが必要であることを指摘します（第4節）。

第4章では、実体経済と表裏一体をなす金融機関のシミュレーションを行います。まず、金融機関への影響を分析する土台として、企業、家計、政府の資金運用・調達動向を表す資金過不足（貯蓄投資バランス）を試算します（第1節）。次に、利上げ局面における日本銀行の財務シミュレーションを行い、異次元緩和でふくらんだ日本銀行のバランスシートが今後どの程度のペースで縮小に向かうかを明らかにします（第2節）。これらの想定をふまえ、最後に「金利のある世界」における銀行への影響を分析します。金利上昇によって銀行の収益・費用とバランスシートがどのように変化するか確認したうえで、一部の銀行で生じうるリスクについて考察します（第3節）。

第5章では、第2章から第4章までのシミュレーション結果をもとに、日本経済・金融のあるべき姿を探ります。具体的には、「金利のある世界」が実現した場合に、企業、家計、政府が環境の変化にどう適応すべきか提言します（第1節）。金融機関については、銀行業界に的を絞り、「金利のある世界」における新たなビジネスチャンスを探ります（第2節）。

本書の想定読者と読み方

本書は、社会人、学生、企業経営者、金融実務家、投資家、政策担当者など、日本経済・金融の先行きに関心がある幅広い層の読者を対象として執筆しました。経済・金融の詳しい知識がなくても読み進めることができるよう、専門的な概念や用語には可能な限りわかりやすく説明を加えました。一方で、実務家・専門家が読んでも新たな発見があるように、みずほリサーチ＆テクノロジーズのエコノミスト9名が力を振り絞り、独自の分析や提言をふんだんに盛り込んでいます。

基本的には第1章から順に読み進めることを想定していますが、関心があ

るトピックを先に確認していただいてもかまいません。たとえば企業経営者や投資家は第3章第2節（企業への影響）、政策担当者は第3章第4節（政府の財政運営）、金融実務家は第4章第2節（日本銀行のバランスシート運営）や同章第3節（銀行への影響）といったイメージです。こうしたトピック別の読み方もできるように、他の章・節の内容が前提になっている箇所には説明や参照先を付しています。

謝　辞

本書は、2023年11月に発表したレポート「「金利のある世界」への日本経済の適応力」をもとに、その後の経済・金融情勢の変化も加味して執筆したものです。同レポートの発表以後、幸いにも事業会社や金融機関、メディアの皆様から多くの問合せをいただき、「金利のある世界」の展望についてご説明する機会を頂戴しました。また、X（旧Twitter）などのSNSでも、投資家の方を中心に同レポートに注目していただきました。本書を執筆したエコノミスト一同、「金利のある世界」に対する社会の関心の強さをひしひしと感じています。

金融財政事情研究会の職員の皆様、そして編集担当である平野正樹氏には、タイトなスケジュールのなか、本書を早期に刊行するために多大なご尽力を賜りました。みずほグループ各社で金融ビジネスに携わっておられる職員の皆様には、実務の観点から分析の前提や方向性についてご指摘をいただきました。特に、みずほ銀行の大木剛氏には、分析のアプローチなどについて多岐にわたるアドバイスをいただきました。また、みずほリサーチ＆テクノロジーズの山本康雄氏には、本書の原稿全体を通して、エコノミストの視点から貴重なコメントをいただきました。石角勉氏には、本書執筆にかかわるさまざまな事務手続についてサポートしていただきました。

この場をお借りして、心より御礼申し上げます。

2024年4月　著者を代表して

みずほリサーチ＆テクノロジーズ　調査部

服部　直樹

【編著者略歴】（2024年3月時点）

服部　直樹（はっとり　なおき）

みずほリサーチ＆テクノロジーズ　調査部　主席エコノミスト

神戸大学経済学部卒業。2009年にみずほ総合研究所（現みずほリサーチ＆テクノロジーズ）へ入社し、米国のマクロ経済分析を担当。2012年にニューヨーク事務所へ赴任。米州のマクロ経済・金融市場分析、FinTech産業分析に従事。2018年に帰国後、日本・アジアのマクロ経済分析や、AI・機械学習を用いた新規分析手法の活用、疫学モデルに基づく新型コロナウイルス感染症関連分析、人的資本投資などの構造分析を担当。2022年より現職。

（はじめに、第3・4章執筆）

有田　賢太郎（ありた　けんたろう）

みずほリサーチ＆テクノロジーズ　調査部　次長　主席エコノミスト

慶應義塾大学環境情報学部卒業。埼玉大学経済経営系大学院博士前期課程修了。2002年にみずほ銀行に入社後、事業調査部・産業調査部にて自動車・電機業界調査、産業総括などを担当。2015年にみずほ総合研究所（現みずほリサーチ＆テクノロジーズ）調査部へ異動。日本経済総括、金融市場総括、グローバル経済総括などを担当。市場変動が経済・産業にもたらす影響、デジタル化の業種別生産性影響評価など、経済・市場と産業・企業の垣根を超えた分析に特徴。2022年より現職。

（おわりに、第4章執筆）

【著者略歴】（2024年3月時点、50音順）

上村　未緒（うえむら　みお）

みずほリサーチ＆テクノロジーズ　調査部　上席主任エコノミスト
一橋大学大学院経済学研究科修士課程修了。2006年にみずほ総合研究所（現みずほリサーチ＆テクノロジーズ）に入社し、国内経済政策調査に従事。2007年より在米国日本国大使館出向、2011年より経済産業省出向。2016年よりみずほ総合研究所金融調査部にて内外銀行ビジネス調査に従事。2021年より現職。
（第2・4章執筆）

酒井　才介（さかい　さいすけ）

みずほリサーチ＆テクノロジーズ　調査部　主席エコノミスト
東京大学経済学部卒業。2006年に財務省に入省後、理財局・熊本国税局・主税局・財務総合政策研究所・東海財務局・大臣官房文書課等の勤務を経て、2017年にみずほ総合研究所（現みずほリサーチ＆テクノロジーズ）へ入社。日本経済の見通し総括を担当。QE予測・解説、日本経済の見通し作成のほか、政府の経済政策の効果や財政に関する分析、マクロモデルを用いたシミュレーション分析等に従事。2022年より現職。
（第3章執筆）

白井　斗京（しらい　ときお）

みずほリサーチ＆テクノロジーズ　調査部　エコノミスト
東京大学経済学部卒業。2017年にみずほ銀行へ入社し、中小企業営業に従事。2020年より財務省へ出向し、日本のマクロ経済分析を担当。2022年より現職。
（第2・4章執筆）

中信　達彦（なかのぶ　たつひこ）

みずほリサーチ＆テクノロジーズ　調査部　エコノミスト
早稲田大学政治経済学部卒業。2021年にみずほリサーチ＆テクノロジーズへ入社し、日本のマクロ経済分析を担当。日本経済の家計部門、企業部門の分析業務に従事。
（第3章執筆）

西野　洋平（にしの　ようへい）

みずほリサーチ＆テクノロジーズ　調査部　エコノミスト
横浜市立大学大学院国際マネジメント研究科修士課程修了（経済学）。2023年に
みずほリサーチ＆テクノロジーズへ入社し、日本のマクロ経済分析を担当。日本
経済の家計部門の分析業務に従事。
（第3章執筆）

東深澤　武史（ひがしふかさわ　たけし）

みずほリサーチ＆テクノロジーズ　調査部　エコノミスト
上智大学経済学部卒業。2018年にみずほ証券に入社後、為替をはじめとする金融
市場分析業務を経て、2021年より同社で投資信託関連業務に従事。2023年より現
職。
（第5章執筆）

宮嵜　浩（みやざき　ひろし）

みずほリサーチ＆テクノロジーズ　調査部　主席エコノミスト
慶應義塾大学法学部政治学科卒業、中央大学大学院経済学研究科博士前期課程修
了。1994年4月に山一證券に入社、山一證券経済研究所経済調査部に出向。1997
年、日本経済研究センター委託研究生。1998年、富士通総研コンサルタント。
2001年、三和総合研究所（現三菱UFJリサーチ＆コンサルティング）投資調査部
研究員。2006年、しんきんアセットマネジメント投信チーフエコノミスト。2013
年、三菱UFJモルガン・スタンレー証券景気循環研究所シニアエコノミスト。
2021年、同社リサーチアドバイザー兼マクロ経済研究主幹。2022年より現職（金
融市場総括）。会計検査院特別調査職（2022年～）。日本証券アナリスト協会認定
アナリスト（1997年～）。景気循環学会（2020年度中原奨励賞受賞）、日本金融学
会に所属。
（第1・2・5章執筆）

目　次

第 1 章　なぜいま、「金利のある世界」なのか

第 2 章　金利シミュレーション

| 第 **3** 章 | 実体経済シミュレーション |

第 **4** 章 ┃ 金融機関へのインパクト

第 **5** 章 ┃ ビジネスチャンスとしての「金利のある世界」

第 **1** 章

なぜいま、
「金利のある世界」なのか

1999年2月、日本銀行は世界で初めて政策金利をゼロ％に誘導する「ゼロ金利政策」を採用しました。その目的は物価の継続的な下落を止めること、すなわちデフレ脱却でした。

　1999年のゼロ金利政策の採用後、日本経済はいくつかの景気回復を経験し、物価が上昇する局面がありました。日本銀行は、2000年と2006年の2回、ゼロ金利を解除して金融政策の正常化を試みましたが、ともに景気が後退に転じるとデフレに逆戻りし、日本銀行はゼロ金利への復帰から量的金融緩和、さらにはマイナス金利政策へと、金融緩和の強化を余儀なくされました。

　2023年末の時点で、日本銀行は短期金利をマイナス0.1％、長期金利を0％とする金融緩和政策を実施していました。一方、景気は2020年5月に底打ちしており、2023年末時点で3年以上も景気回復が続いていました。物価も2022年以後プラス圏で推移しており、過去2回の経験をふまえると、日本銀行がいつ利上げに転じてもおかしくありませんでした。

　なぜ日本銀行は、2023年までに利上げに踏み切らなかったのでしょうか。それは、ゼロ金利解除後にデフレに逆戻りするという、過去2回の経験を繰り返したくなかったからです。日本銀行は今回、デフレ脱却に確信がもてるまで利上げしないというスタンスをかたくなに守ってきました。

　日本銀行の粘り強い金融緩和姿勢も奏効して、日本経済がデフレから脱却できる可能性は着実に高まりました。今後、日本経済の成長率が高まるなかで物価が持続的・安定的に上昇し、金利が高まっていく世界、それが本書の想定する「金利のある世界」です。

　第1章では、日本が「金利のある世界」に近づきつつあるさまざまな兆候を紹介します（第1節）。また、金利上昇の動きは国内だけではなく海外にもあります。2020年以後に欧米で起きた想定外の高インフレと急速な利上げ対応を振り返りながら、日本でも生じうる金融政策の急転換リスクに言及します（第2節）。

第 1 節　現実味を帯びてきた、未体験の「金利のある世界」

2023年頃から、日本の金融環境が大きく変化しつつあります。長らく続いたデフレにもようやく本格脱却への道筋がみえてきました。本節では、日本が「金利のある世界」に転換しつつあることを示すさまざまな兆候を確認します。

1　平成バブル景気以来の株高・円安、当時の長期金利は8％

動き出した預金金利

預金金利が100倍に引き上げられる——。2023年11月、国内の主要銀行が、定期預金金利の大幅な引上げを相次いで発表しました。

実際に金利が100倍に引き上げられた預金は、一部の銀行の10年物定期預金などに限られました。それでも、同時期に預金金利の大幅な引上げに踏み切った銀行は多数に及び、かつ預入金額が少額の定期預金にも金利の引上げが波及しました。長らくゼロ近傍にはりついていた預金金利が今後も引き上げられるのではないか。「預金金利100倍」というインパクトの大きさもあり、多くの人々はそう感じたのかもしれません。

日本銀行が公表している「預金種類別店頭表示金利の平均年利率等」によると、預入期間10年の大口定期預金（1000万円以上）の金利は2023年12月時点で0.144％でした。2023年11月に預金金利が引き上げられる前は0.01％以下の超低金利が長く続いていたので、0.1％台への上昇はたしかに大きな変化です。ただ、0.1％台に上がったところで、定期預金金利の水準が長い目でみればきわめて低水準であることに変わりはありません。預金金利に限ら

ず貸出金利や国債・社債の利回りなど、日本のあらゆる金利はまだ歴史的な低水準にとどまっていました。

　日本の金利水準の低さは他の主要先進国と比べると明らかに異様でした。2023年末の時点で、米国の長期金利（10年国債利回り）が3.9％、ドイツが2.0％近辺だったのに対し、日本の長期金利は0.6％でした。3年前の2020年、新型コロナウイルス感染拡大の影響で世界経済が深刻な不況に陥った際には、米国の長期金利は0.6％近辺に低下したほか、ドイツはマイナス圏にまで金利が低下し、日本もほぼゼロ％でした。その後の経済正常化を経て、米独はじめ主要先進国の長期金利は、2023年までの3年間で軒並み急上昇しました。しかし、その間の日本の長期金利の上昇幅は、きわめて小幅にとどまりました。

株価は最高値更新、ドル円相場は1990年以来の円安水準を記録

　日本国内の他の金融指標と比較しても、日本の金利水準の異様さが際立ちました（図表1－1－1）。日本の代表的な株価指数である日経平均株価は、2020年のコロナ・ショック後から上昇に転じ、2023年末には3万3000円台に達しました。これは1990年以来の高水準です。2024年に入るとさらに上昇し、同年2月には1989年末に記録した過去最高値を更新しました。景気の先行指標である株価の回復は、日本の景気が中長期的に好転しつつある可能性を示唆しています。

　一方、外国為替市場では、2023年にかけて円安・ドル高が進行し、同年11月には一時1ドル＝150円を上回りました（2023年末は1ドル＝141円）。ドル円レートの150円台乗せも、前掲の日経平均株価と同様、1990年以来の円安水準でした。円安は一般的に、輸出企業の収益の押上げなどを通じて、日本の経済成長にプラスの影響を及ぼします。

　2023年と同水準の株価・ドル円相場だった1990年の日本経済は、平成バブル景気の真っただ中でした。企業業績は順調に拡大し、主要企業が軒並み過去最高益を更新、雇用・所得環境も良好で、不動産価格は空前の高値を記録しました。株価（日経平均株価）は前年の1989年末に3万8915円の過去最高

図表１－１－１　日本の各種金融指標とインフレ率の推移

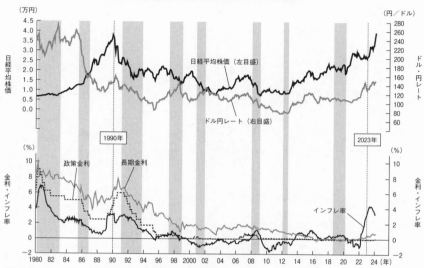

（注１）　シャドー部分は景気後退期。いずれも2024年３月までの推移。
（注２）　インフレ率は消費者物価指数（生鮮食品およびエネルギーを除く総合、消費税調整済み）の前年比変化率。長期金利は10年国債利回り（1986年７月まで９年債利回り）。政策金利は無担保コール翌日物金利（1995年６月まで公定歩合）。
（出所）　日本経済新聞社、日本銀行、財務省「国債金利情報」、総務省「消費者物価指数」、内閣府「景気基準日付」より、みずほリサーチ＆テクノロジーズ作成。

値（当時）を記録し、1990年に入ると下落に転じましたが、当時は株価の先行きに対して、楽観的な見方が支配的でした。1989年４月に導入された消費税（税率３％）の悪影響も現れず、景気は1990年を通じて拡大を続けました。

　そんな日本経済の絶頂期にあった1990年の長期金利は、８％前後でした。2023年末の0.6％より10倍以上も高い水準です。長期金利のみならず、日本銀行が利上げや利下げなどの金融政策を実施する際の金利（政策金利、当時は公定歩合）も６％と、2023年の政策金利（日銀当座預金政策残高への適用金利）である▲0.1％とは比較にならないほどの高水準でした。それだけの高金利が必要なほど、当時の日本の景気は過熱していたのです。

図表１－１－２　実質GDP成長率と名目GDP成長率の推移

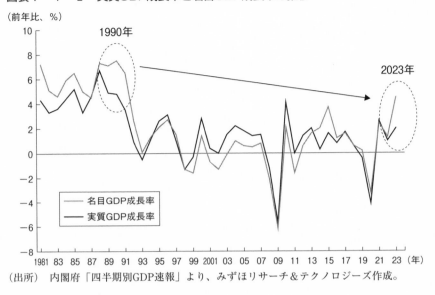

（出所）　内閣府「四半期別GDP速報」より、みずほリサーチ＆テクノロジーズ作成。

　もっとも、株価やドル円相場が1990年並みだからといって、2023年の長期金利および政策金利がそれぞれ８％、６％でなければならない理由はありません。1990年と2023年では、日本経済の基礎的条件（ファンダメンタルズ）が大きく異なるためです。

　経済成長率とも呼ばれる実質GDP（国内総生産）の変化率を比較すると、1990年が4.8％成長だったのに対し2023年は２％前後です。1990年の景気が過熱していて当時の平均的な経済成長ペースを上回っていた可能性を考慮しても、1990年当時の経済成長力は2023年を大幅に上回っていたとみられます。さらに、物価変動要因を除去しない経済成長率（名目GDPの変化率）で比較しても、1990年の7.5％成長に対し、2023年は4.5％成長でした。物価と成長の双方を勘案しても、2023年の日本経済で８％の長期金利や６％の政策金利が妥当な水準とは考えにくいでしょう（図表１－１－２）。

2 徐々に失われる金融緩和継続の根拠

日本銀行が動かなかった理由

　一方、2023年の長期金利0.6％と政策金利▲0.1％が妥当ではない（低すぎる）と考える理由も存在します。それは物価の動向です。

　2023年の日本の消費者物価指数（生鮮食品およびエネルギーを除く総合）は前年比4.0％上昇しました。これは1981年以来42年ぶりの高水準であり、1990年の上昇率2.5％を大幅に上回っています。「日本銀行は1989年から1990年にかけて政策金利を6％まで引き上げたのだから、当時以上のインフレに直面している2023年は当然、政策金利を引き上げるべき」、との見方には一定の説得力があります。しかし、日本銀行は2023年に▲0.1％の政策金利を動かしませんでした。

　日本銀行は2013年1月に、消費者物価の前年比上昇率2％を「物価安定の目標」と定めました。そのうえで、2％の消費者物価上昇率が「安定的に持続」するまで短期金利を▲0.1％、長期金利をゼロ％程度とする「長短金利操作（イールドカーブ・コントロール、YCC）付き量的・質的金融緩和」を継続する方針を打ち出しました。その日本銀行が2023年中に金融政策を変更しなかったということは、2023年時点では4％という物価上昇率が「持続的・安定的」ではないと日本銀行が判断したことを意味します。

　消費者物価の上昇率が年平均で2％を上回っていても、月次ベースでみた前年比上昇率が鈍化していれば、先行きも上昇率の鈍化が続き、いずれ2％を下回るリスクはあります。実際、消費者物価指数（除く生鮮食品＝コアCPI）の前年比上昇率は、2023年1月の4.2％から同年12月には2.3％へと縮小傾向をたどりました。しかし、日本銀行の金融政策を決定する政策委員会のメンバー（政策委員）は2023年10月に物価見通しを上方修正し、コアCPIの前年比上昇率が、2023年度に続き2024年度も2％を上回るとの見通しを「経済・物価情勢の展望（展望レポート）」で明らかにしました。続く2024年1月の「展望レポート」でも、コアCPI前年比が2024年度に2％超となる見

通しを維持しました（図表１－１－３）。

「展望レポート」とは、日本銀行が経済・物価の現状と先行きを分析し、そのうえで金融政策の考え方を整理したもので、年４回公表されます。同レポートには、各政策委員による先行き１～２年程度の景気（実質GDP成長率）および物価（コアCPI前年比）の見通しが、集計値として掲載されています。見通しは毎回更新されますが、なかでも物価見通しの修正状況は、日本銀行の金融政策判断と密接にかかわってくるため、特に注目されます。

「展望レポート」で2024年度にコアCPI前年比が２％を上回るとの見通しが示されたことは、金融政策の転換が近づいているという日本銀行からのメッセージであったといえます。ただ、2025年度の見通しは、2023年10月時点で1.7％、2024年１月時点でも1.8％と、ともに２％を下回りました。また、コアCPI（除く生鮮食品）よりも物価の基調的な動きを示すとされる

図表１－１－３　消費者物価指数の実績と日本銀行見通し

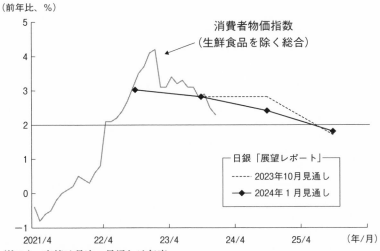

（注１）　実績は月次、見通しは年度。
（注２）　見通しは日本銀行・政策委員の中央値。
（出所）　総務省「消費者物価指数」、日本銀行「経済・物価情勢の展望」より、みずほリサーチ＆テクノロジーズ作成。

「除く生鮮食品・エネルギー」の消費者物価指数の見通しも、参考として「展望レポート」に掲載されていますが、こちらは2024・2025年度ともに前年比1.9％と、２％にわずかながら届きませんでした。

最後の判断材料は賃金

2024年３月、日本銀行は「２％の「物価安定の目標」が持続的・安定的に実現していくことが見通せる状況に至った」として、マイナス金利政策の解除に踏み切りました。その最後の判断材料になったのが「賃上げ」です（図表１－１－４）。

日本銀行の総裁が黒田東彦氏から植田和男氏に交代した2023年４月以後、日本銀行の金融政策決定会合の公表文には必ず、２％の「物価安定の目標」を持続的・安定的に実現するとの表記の前段に「賃金の上昇を伴うかたち

図表１－１－４　春闘賃上げ率とインフレ率の推移

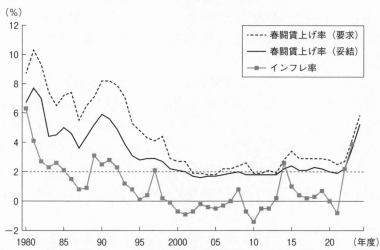

（注１）　インフレ率は消費者物価指数（生鮮食品・エネルギーを除く総合）の前年比変動率。インフレ率の最新値は2023年度。
（注２）　2024年度の春闘賃上げ率は連合の要求・第３回回答集計値。
（出所）　総務省「消費者物価指数」、厚生労働省「民間主要企業春季賃上げ要求・妥結状況について」、連合「春闘要求集計・回答集計結果」より、みずほリサーチ＆テクノロジーズ作成。

で」という文言が盛り込まれるようになりました。賃金とは具体的にどの指標を指すのか、あるいは2％物価と整合的な賃金の上昇幅をどう考えているのかなどを、日本銀行は明確にしていません。しかし日本の労働市場において、春季労使交渉（春闘）で決定する賃金が大きな影響力をもっていることは周知の事実です。日本銀行もかねて春闘に注目している旨の発言を繰り返してきました。

　労働組合が企業経営者に賃金など労働条件の改善を求める春闘は、例年1月下旬に経団連が開催する「労使フォーラム」から事実上スタートします。労働組合は2月に企業に賃上げなどの要求を提出し、3月頃には企業から回答があります。春闘賃上げ率の大勢は3月中旬の「集中回答日」に明らかになります。

　日本銀行のいう「賃金の上昇」が春闘賃上げ率であるとして、残る問題は2％物価と整合的な春闘賃上げ率の水準です。かつて2％物価が実現していた1980年代の半ばから1990年代の半ばにかけて、労働組合からの賃上げ率の要求水準はおおむね6％以上でした。実際の賃上げ率の妥結水準は4％以上です。

　ただし、この賃上げ率には定期昇給（定昇）分の2％弱も含まれています。経済全体でみれば定期昇給分は実質的には賃上げとはみなされないため、定昇分を除いたベースアップ率（ベア）が金融政策にとって重要な賃上げ率になります。したがって、賃上げ妥結水準の4％から定昇分2％弱を差し引いた「2％超」が2％物価時代の賃上げ率（ベア）でした。物価上昇率を上回る賃上げ率（ベア）が、当時のボーダーラインだったと考えられます。

　2024年の春闘では、労働組合の上部団体である日本労働組合総連合会（連合）が「5％以上（ベア3％以上）」を掲げ、企業側でも大企業を中心に満額回答が相次ぎ、高い賃上げ妥結水準が実現しています。こうした春闘の堅調な結果が一つのきっかけになり、日本銀行が2024年3月のマイナス金利解除に踏み切りました。

3　金融政策正常化の地ならしを進める日本銀行

利上げなき預金金利上昇の謎

　日本銀行が２％物価の持続的・安定的な実現を確信し、その自信が揺るがなければ、政策金利は引き上げられ、日本の金利全体には継続的に上昇圧力がかかります。結果的に２％物価が安定的に持続せず、日本銀行が将来的に利下げを余儀なくされたとしても、少なくとも日本銀行が政策金利を引き上げている間は、銀行の預金金利や貸出金利は上昇します。

　ここで一つの疑問が浮上します。2023年は、日本銀行が政策金利を引き上げていません。なぜ多くの銀行が、2023年11月に預金金利を引き上げたのでしょうか。

　預入期間の長い定期預金の金利は、短期の政策金利よりも、中長期の国債利回りの影響を受けます。日本銀行は2016年９月に、短期金利を▲0.1％に誘導すると同時に、長期金利（10年国債利回り）をゼロ％程度で推移させる「長短金利操作（YCC）付き量的・質的金融緩和」を導入しました。政策金利が、短期金利と長期金利の二本立てという枠組みです。

　YCCは2016年９月の導入以来、誘導目標である短期金利▲0.1％と長期金利ゼロ％程度を変更しませんでした。しかし、2022年12月以後は事実上、長期金利がゼロ％を大幅に上回る状況が容認されました。

　2022年から2023年にかけての海外金利の急上昇は、日本の長期金利（10年国債利回り）のみならず、短中期（10年未満）や超長期（10年超）の利回り水準全体に無視できない上昇圧力を生みました。10年債以外の利回り上昇を抑制できなくなった日本銀行は、長期金利の変動幅を段階的に拡大することで、長期金利の誘導目標をゼロ％程度から変更することなく、海外発の長期金利の上昇圧力をかわしてきました（図表１－１－５）。

　このように、2023年11月に多くの銀行が定期預金の金利を引き上げた背景には、日本銀行が当時政策金利の一つであった長期金利の上昇を、２％物価の実現とは別の理由で許容せざるをえなかったという事情があります。もと

図表1−1−5　日本銀行の金融政策の枠組み修正の変遷

日付	金融政策	長期金利の誘導目標	備考
2016年9月21日	長短金利操作（YCC）付き量的・質的金融緩和	ゼロ％程度	「量的・質的金融緩和」導入以後の経済・物価動向と政策効果についての総括的な検証結果をふまえ、導入
2018年7月31日	強力な金融緩和継続のための枠組強化	ゼロ％中心に±0.2％程度の変動幅	「ある程度変動しうるもの」という表現
2021年3月19日	長期金利の変動幅についての明確化	ゼロ％中心に±0.25％程度の変動幅	
2022年12月20日	長期金利の変動幅拡大	ゼロ％中心に±0.5％程度の変動幅	
2023年7月28日	YCC柔軟化（10年国債1％程度の利回りに）	ゼロ％中心に±0.5％程度の変動幅	
2023年10月31日	YCCのさらなる柔軟化（10年国債1％を超えることを容認）	ゼロ％中心に上限は1％を目途	
2024年3月19日	YCC終了、マイナス金利政策の解除		

（出所）　日本銀行より、みずほリサーチ＆テクノロジーズ作成。

よりYCCは、柔軟な政策変更には適さない枠組みでした。YCCの形骸化のようにも映る長期金利の変動幅拡大ですが、結果的にYCCの出口戦略としては有効な選択だったのかもしれません。2023年11月の預金金利上昇はYCC出口戦略の副作用といえます。

貸出金利も利上げ前に上昇

　YCC出口戦略の副作用は貸出金利にも及びました。銀行の貸出金利（長

図表 1 − 1 − 6　新規貸出金利（長期）と借入金利水準判断DI

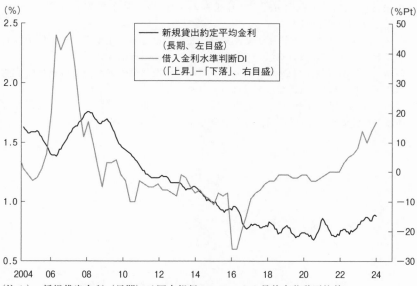

（注 1 ）　新規貸出金利（長期）は国内銀行ベース、6 カ月後方移動平均値。
（注 2 ）　借入金利水準判断DIは全規模・全産業ベース。
（出所）　日本銀行「貸出約定平均金利の推移」「短観」より、みずほリサーチ＆テクノロ
　　　　　ジーズ作成。

期）は、低水準ながらも2022年から反転・上昇しました。また、日本銀行が
四半期ごとに公表している企業アンケート調査「全国企業短期経済観測調査
（短観）」をみると、借入金利が「上昇している」と回答した企業の割合（％）
から「低下している」との回答割合（％）を差し引いた借入金利水準判断
DIが、2023年12月時点で、過去の利上げ局面である2007年の水準まで上昇
しています（図表 1 − 1 − 6 ）。企業は、日本銀行が2022年に長期金利の上
昇を容認した時点で、利上げが始まったと実感していたのかもしれません。
　多くの企業や国民にとって「金利のある世界」は、すでに起こりつつある
現実だったのです。

〈参考文献〉

日本銀行（2013）「金融政策運営の枠組みのもとでの「物価安定の目標」について」、2013年1月22日

宮嵜浩（2016a）「賃上げが占う脱デフレ（上）賃金と物価連動性、ベアは消費底上げ効果」、日本経済新聞社、日経ヴェリタス、2016年1月31日

宮嵜浩（2016b）「賃上げが占う脱デフレ（中）旗振り役の経団連、労組は現実的ベア要求」、日本経済新聞社、日経ヴェリタス、2016年2月7日

宮嵜浩（2016c）「賃上げが占う脱デフレ（下）日本銀行の量的・質的緩和、間接的に上昇促す」、日本経済新聞社、日経ヴェリタス、2016年2月14日

本節では、米欧中銀のインフレ対応を振り返りながら、「金利のある世界」の実現に向けた日銀の政策対応と、日本経済の課題を明らかにします。

1 想定外の高インフレに、急速な利上げで対応した欧米中銀

巧遅は拙速に如かず

「金融正常化のタイミングは近づいている。拙速はよくないが、「巧遅は拙速に如かず」という言葉もある」。2023年12月に開催された日銀・金融政策決定会合に出席していた、ある政策委員の発言です。

「巧遅は拙速に如かず」とは簡単にいうと、上手で遅いより下手でも早いほうがマシという意味です。マイナス金利解除などの金融政策の正常化を急ぐべきというのが発言した政策委員の趣旨のように読み取れますが、同会合で決定した金融政策は結局、現状維持でした。金融正常化を急ぐべきと主張した政策委員は、この時点では少数派だったとみられます。

当時「巧遅は拙速に如かず」という言葉には、一定の説得力がありました。米国およびユーロ圏における2022年以後の「遅すぎる利上げ」が過度なインフレを招いたという経緯があったからです。米国の中央銀行に相当する米連邦準備制度理事会（FRB）、そしてユーロ圏の欧州中央銀行（ECB）は、ともにインフレ圧力の根強さを過小評価した結果、2022年から2023年にかけて急激かつ大幅な利上げを余儀なくされました。

FRBとECBが掲げる物価目標は、日本銀行と同じインフレ率2％です。物価の基調（トレンド）を見極める際には、短期的な価格の振れが大きい食

料品およびエネルギーを除いたインフレ率が重視されており、一般にコアインフレと呼ばれています[1]。以下で述べる米国・ユーロ圏のインフレ率は、いずれもコアインフレ率を指します。

FRBは1年強で5％以上の利上げを実施

　米国をはじめ世界中の国々で景気が急速に悪化した2020年の新型コロナウイルス・パンデミック（コロナ禍）以後で、米国のインフレ率が初めて2％台を回復したのは、2021年の春頃でした。米インフレ率はその後も上昇を続け、2022年には5％台で高止まりしました。2023年に入ると、インフレ率は低下傾向で推移しましたが、同年末時点のインフレ率は3％近辺と、物価目標の2％を上回ったままでした。

　一方、FRBが政策金利であるフェデラル・ファンド・レート（FFレート）の引上げを開始したのは、2022年3月でした。インフレ率が2％を超えて約1年が経過していましたが、FRBは当初、インフレ率の上昇は一時的な現象と判断していました。コロナ禍に伴う一部の製品の供給制約がインフレ率上昇の主因であり、先行き供給制約が解消すればインフレ率は落ち着きを取り戻すと判断したもようです。需要の拡大に起因するインフレでなければ、金利引上げなどの金融政策によるインフレ抑制には限界があります。

　しかし、供給制約が解消に向かっても、米国のインフレ率は明確に鈍化しませんでした。むしろ、深刻な人手不足などを背景に賃金の上昇圧力が強まり、賃金との連動性が高いサービス価格の値上げが顕在化するなど、インフレ圧力の裾野が広がりました。賃上げをもたらした労働市場のひっ迫が米国経済の好調さ、すなわち需要の拡大に起因すると判断したFRBは、2022年3月にようやく政策金利の引上げに踏み切りました。

　金融政策は、実体経済や物価に「直ちに」影響を及ぼすわけではありません。過去の低金利の影響は、将来の物価押上げ圧力として徐々に顕在化します。FRBは、利上げのスタートの遅れを取り戻すべく、急速かつ大幅な利

1　同じ「コア」でも、日本のコア消費者物価指数（CPI）は生鮮食品を除く指標を指し、欧米のコアインフレとは定義が異なる点に注意してください。

上げを断行しました。結局、政策金利であるFFレートの誘導目標は、2022
年3月の利上げ開始直前の0〜0.25％から2023年7月には5.25〜5.5％へと
1年強で5％Pt以上も引き上げられ、2023年末まで高水準の政策金利が維持
されました。しかしながら、歴史的にも低水準の米失業率は2023年中も変わ
らず、労働需給のひっ迫が賃金や物価を押し上げる構図は利上げ終了後も残
りました（図表1−2−1）。

　なお、2020年のコロナ禍以後の米国の金融政策は、FFレートによる金利
操作だけではありませんでした。FRBは米国債とMBS（住宅ローン担保証
券）を大量に購入して、民間部門に資金を供給する量的緩和政策（QE）を
実施していました。前述のとおり、FFレートは2022年3月から引上げを開
始しましたが、その4カ月前の2021年11月にFRBは、米国債およびMBSの
購入額を徐々に減額するという、いわゆるテーパリングを決定しました。
2022年3月にはテーパリングを終え、同年6月にはFRBの米国債・MBSの

図表1−2−1　米国のインフレ率と政策金利

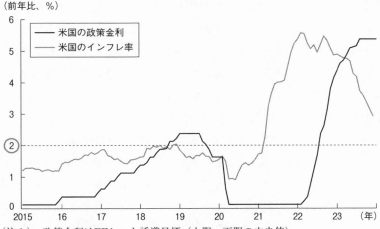

（前年比、％）

（注1）　政策金利はFFレート誘導目標（上限・下限の中央値）。
（注2）　インフレ率は個人消費支出デフレーター（食品・エネルギーを除く）の
　　　　前年比変動率。
（出所）　米BEA、FRBより、みずほリサーチ＆テクノロジーズ作成。

保有残高を削減する量的引締め（QT）に踏み切りました。FFレートの引上げ開始に先行したテーパリングが金融引締め政策と呼べるのかはあいまいですが、少なくとも2022年３月の金利引上げ開始よりも前に、FRBは金融政策を転換する準備を進めていたことになります。

FRB以上に困難だったECBの金融政策

ECBの政策転換はFRBにやや遅れました。2021年12月にテーパリングを決定したECBは、翌2022年７月にテーパリングを終了したうえで利上げを開始しました。ユーロ圏のインフレ率は2021年の秋頃から物価目標である２％を上回っており、利上げ開始時点では既に４％付近までインフレ率が上昇していました。ECBの政策金利（預金ファシリティ金利）は2022年７月に▲0.5％からゼロ金利に引き上げられ、その後もFRBと同様に、急速かつ大幅な利上げが実施されました。１年２カ月後の2023年９月に４％で利上げが打ち止めとなるまでの利上げ幅は、累計で4.5％Ptに及びました（図表１－２－２）。なお、ECBのQT開始は、FRBの９カ月後となる2023年３月でした。

欧州では、2022年２月にロシアがウクライナに侵攻し、ウクライナを支持するユーロ加盟国とロシアとの関係が悪化するなかで、ロシア産天然ガスの供給不安が台頭し、エネルギー価格が高騰するという事態に直面しました。同時に、世界有数の穀倉地帯であるウクライナ産小麦の価格高騰もあり、供給要因によるインフレ圧力の強まりが際立っていました。ユーロ圏のインフレ圧力が主に供給要因によるものだったのか、あるいは需要の強まりも相応にインフレを押し上げていたのか、ECBの判断は相当困難だったとみられます。実際、景気回復の力強さを比較すると、コロナ禍以後のユーロ圏の景気は米国に比べ大きく見劣りしました。記録的な低失業率と高い賃上げ圧力という労働市場のひっ迫は米欧で共通していたものの、欧州最大の経済大国ドイツが2023年にマイナス成長を記録するなど、ユーロ圏の景気は力強さに欠けていました。景気の停滞とインフレの加速が同時進行するなかで、ECBはコロナ禍以後、FRB以上に困難な金融政策のかじ取りを担ってきた

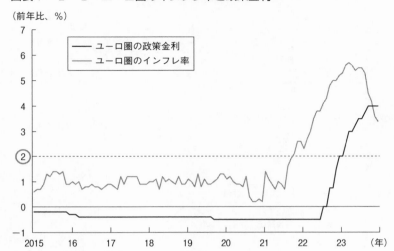

図表1－2－2　ユーロ圏のインフレ率と政策金利

（前年比、％）

（注1）　政策金利は預金ファシリティ金利。
（注2）　インフレ率はユーロ圏消費者物価指数（HICP。エネルギー、食品、酒
　　　　　類、タバコを除く）の前年比変動率。
（出所）　ECB、Eurostatより、みずほリサーチ＆テクノロジーズ作成。

といえます。

2年遅れの日本銀行

　急激なインフレに翻弄されてきたFRBとECBほどではありませんが、日本銀行もコロナ禍以後、想定を上回るインフレ圧力に直面したという点で変わりはありません。深刻な人手不足のもと、賃上げ機運が例年になく高まったことも、日・米・ユーロ圏で共通していました。日本銀行は「長短金利操作（イールドカーブ・コントロール、YCC）付き量的・質的金融緩和」という独特の金融政策の枠組みを2016年に導入していたため、金融政策の変更をFRBやECBと単純に比較するのはむずかしいのですが、きわめて低水準の政策金利をいつ引き上げるのか、中央銀行が保有する大量の国債等をどう削減するのかという共通の課題に、日本銀行も米欧に2年遅れで向き合っていくことになりました（図表1－2－3）。

図表１－２－３　FRB・ECBと日本銀行の比較

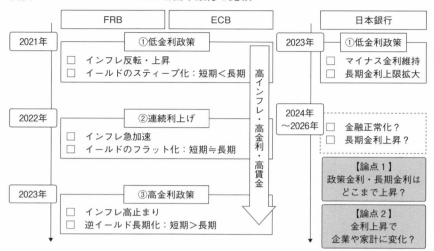

(注)　イールドとはイールドカーブの略称で、金利の期間構造を指す。長短金利差の拡大
　　　を「スティープ化」、同縮小を「フラット化」、長期が短期を下回る状態を「逆イール
　　　ド」と表現している。
(出所)　みずほリサーチ＆テクノロジーズ作成。

　日本銀行は2022年末から2023年にかけて、YCCの運用を段階的に柔軟化
しました。長期金利の目標水準であるゼロ％を変えずに、金利上昇の許容範
囲を拡大する政策修正です。目標を変えていないので金融引締めではないと
いうのが日本銀行の公式見解ですが、長期金利を低位に抑えつけるために日
本銀行が国債買入れを実施する必要性は低下しました。これは、FRBや
ECBが2021年に実施したテーパリングと、実質的には大きく変わりません。
　金融政策が転換する局面では、金利の期間構造を表すイールドカーブ（利
回り曲線）の形状が大きく変化します。日本銀行がYCCの運用を柔軟化し
て長期金利が緩やかに上昇した間、短期の政策金利は引き続きマイナス金利
で固定されていたので、日本の長期金利と短期金利の乖離幅（長短金利差）
は拡大しました。いわゆるイールドカーブの「スティープ化」（傾きが急に
なること）です。2021年の米欧でも、程度の差こそあれ、2023年の日本と同

様にスティープ化が進行しました。しかし、2022年には利上げ開始に伴い、米欧は長短金利差が縮小する「フラット化」（傾きが緩やかになること）局面に転換します。さらに、政策金利の上昇ペースが長期金利を上回った結果、短期金利の水準が長期金利を上回る「逆イールド」が定着したのが、2023年の米欧の金融市場でした。

　一般に、逆イールドは景気後退のシグナルとされています。短期金利の上昇が徐々に景気の下押し圧力となり、景気後退やインフレ率低下に伴う将来の利下げ転換を金融市場参加者が織り込んで長期金利が低下すると、逆イールドが発生します。米国では過去に、景気が後退局面に転じる手前のタイミングで逆イールドが繰り返し発生してきました。ユーロ圏最大の経済大国ドイツでは2022年以後に逆イールドとなり、2023年にドイツはマイナス成長となりました。

　日本の場合、YCCを採用する前のマイナス金利導入時（2016年2月）に、長期金利がマイナス圏にまで低下して逆イールドとなりました。マイナス金利導入の7カ月後に採用されたYCCは、マイナス金利を維持しつつ長期金利の過度な低下を回避するよう設計された、金融政策の新しい枠組みです。YCC採用後も日本では一時、逆イールドが発生しましたが、金融正常化後に逆イールドとなった2022年以後の米欧とは事情が異なります。

　日本の政策金利がゼロになる前、すなわち「金利のある世界」だった1990年代半ば以前に、日本で逆イールドが発生したケースは、1980年代後半から1990年初頭にかけての平成バブル景気にまでさかのぼることになります[2]。

2　正確には、当時の政策金利である公定歩合と10年国債利回りの逆イールドは発生しませんでしたが、無担保コール翌日物金利と10年国債利回りの逆イールドが発生しました。

2 甦る1989年の「遅すぎる利上げ」リスク

バブル発生の責任を負わされた日本銀行

平成バブル景気の真っただ中にあった1989年、日本の株式相場は上昇を続け、日経平均株価は同年末に3万8915円と、当時の史上最高値を記録しました。「バブル」という表現が象徴するように、当時は日本経済の実力が過大評価され、地価や株価などの資産価格が急騰しました。1990年以後、資産バブルが崩壊し日本経済が深刻な不況に突入すると、政府および日本銀行は、政策運営の失敗がバブルの発生と崩壊を招いたとして、批判を浴びることになりました。後に政府が経済白書（1993年）において、平成バブル景気における自らの政策運営の誤りを認めたことも話題になりました。

政策運営が本当に誤りだったかは別としても、1989年の日本銀行が、2022年から2023年のFRBおよびECBと同様に、急速かつ大幅な利上げを実施したのは事実です。当時の日本の政策金利だった公定歩合は、1989年5月に2.5％から3.25％へと引き上げられました。1986年12月から始まった景気拡大局面は、利上げ開始時点ですでに2年半が経過していました。日本経済はその間、当時としては異例の低金利だったことになります。

公定歩合はその後も段階的に引き上げられ、1990年8月の6％で利上げが打ち止めとなりました。1年3カ月で3.5％Ptの利上げはたしかに急速でしたが、政策運営の批判の矛先はむしろ、日本銀行の利上げ開始の時期（1989年5月）は適切だったのか、利上げ開始が遅すぎたことが資産バブルを助長したのではないかという点に向かっていました（図表1-2-4）。

1989年と2023年の類似点

2023年の日経平均株価は、1989年5月の利上げ開始時点とほぼ同じ水準まで上昇しましたが、企業業績の水準と比較した株価の割高感は、バブル期とは比較にならないほど小さいものでした。一方、インフレ率を比較すると、2023年のインフレ率は3〜4％台で推移しており、1989年当時よりも高めです。1989年のインフレ率は、同年4月に消費税が導入されたため多少上振れ

図表１−２−４ 「平成バブル景気」前後の日経平均株価と政策金利

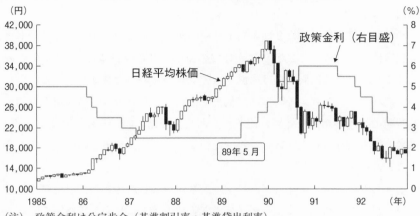

（注） 政策金利は公定歩合（基準割引率・基準貸出利率）。
（出所） 日本銀行、Bloombergより、みずほリサーチ＆テクノロジーズ作成。

ていましたが、消費税要因を除けばおおむね２％前後で安定的に推移していました。

　日本銀行は、2022年末から金融政策の枠組み修正を開始してはいましたが、短期金利の引上げという正真正銘の利上げは、少なくとも2023年末には踏み切りませんでした。2023年と1989年では「高すぎるインフレ率」と「高すぎる株価・地価」という違いがありますが、日本銀行がその後「遅すぎる利上げ」を取り戻すべく「急速・大幅な利上げ」に追い込まれるリスクは共通しています。

「早すぎる利上げ」批判を警戒する日本銀行

　平成バブル景気の崩壊以後、日本経済は長期停滞に突入しました。日本銀行は1990年代を通じて金融緩和スタンスを継続しましたが、デフレ圧力は払しょくされず、1999年には政策金利（無担保コール翌日物金利）をゼロに誘導する異例の金融緩和政策（ゼロ金利政策）に踏み切りました。

　2000年以後、日本経済はデフレに苦しみながらも、いくつかの景気回復局面を経験してきました。2000年秋頃にピークを迎えたITバブル景気や戦後

最長景気となった2002年から2008年までの景気拡大期（いざなみ景気）、2012年末から2018年までのアベノミクス景気などです。

その間、日本銀行には２回の利上げ局面がありました。2000年８月のゼロ金利解除と2006年から2007年にかけての量的緩和解除および0.5％までの利上げです。結果的に両利上げ局面ともデフレからの完全脱却を実現しないなかでの利上げとなり、その後の景気後退では再びゼロ金利への回帰と量的金融緩和の採用を余儀なくされました。あくまで結果論でしかありませんが、当時の日本銀行の利上げは正しかったのかという疑念を多くの国民に抱かせることにもなりました。

そうした経緯をふまえると、バブル景気が崩壊した1990年代以後の日本銀行が「遅すぎる利上げ」よりも「早すぎる利上げ」に対する警戒感を強めていたことは想像にかたくありません。2023年にかけての日本銀行の利上げに慎重なスタンスは「早すぎる利上げ」への警戒感の延長線上にあるといえます。

本節の冒頭で、ある日本銀行政策委員の「巧遅は拙速に如かず」という発言を紹介しました。長らく拙速な利上げを批判されてきた日本銀行にとって、「遅すぎる利下げは早すぎる利下げよりリスクが大きい」と政策委員に指摘されても、またインフレ鎮静化に苦しむ2022年以後の米欧中銀の苦悩を知っていても、利上げの開始には慎重にならざるをえないのでしょう。

もし、「遅すぎる利上げ」リスクが現実のものになり、日本で米欧のような想定外の大きなインフレ圧力が顕在化した場合には、日本銀行はこれまでの慎重スタンスが裏目に出て、急速かつ大幅な利上げを余儀なくされるでしょう。米欧のような逆イールドが発生し、その後は平成バブル景気の崩壊ほどではないにせよ、日本経済が景気後退に陥るリスクはゼロではありません。一方、「早すぎる利上げ」を警戒する日本銀行の見立てのとおり、日本で米欧のような過度なインフレ圧力が顕在化しないのであれば、経済の成長と物価の安定的な上昇のもとで金利を引き上げる「金利のある世界」の実現に近づくことになります。

将来、どちらの世界観が実現するのかはわかりません。いずれにしても、日本の金融環境が従来の姿から大きく転換する可能性は高いとみられます。

3　試される長期金利2％

実質金利と実質賃金

　20年近く続いたデフレ下の日本の金融環境では、長期金利の上限として2％という水準が長らく意識されてきました。

　日本にデフレが定着し、日本銀行がゼロ金利政策を初めて採用した1990年代の後半以後で長期金利が2％まで上昇した時期は、1999年半ばから2000年秋にかけてのITバブル景気と、戦後最長の景気拡張期間となった2002〜2008年の「いざなみ景気」の後半局面です。両期間ともインフレ率はゼロ％台ないしはマイナス圏にとどまっていました（図表1−2−5）。

　物価が上昇しないなかで金利のみ上昇すると、金利水準からインフレ率を差し引いた「実質金利」が高まります。高い実質金利は国内投資を抑制するなどの景気下押し圧力となります。長期金利が2％に接近した当時の日本経済は、景気拡大局面だったとはいえ、2％を超える実質金利に耐えられるほどの強靭さを持ち合わせていなかった可能性があります。

　金利と同じスピードで物価が上昇すれば、実質金利は変わらず、景気への下押し圧力は生じないように思えますが、そうとは限りません。物価の上昇スピードが、賃金の増加スピードを上回ると「実質賃金」が減少します。企業にとっては、物価の上昇は売上高を押し上げる面もあるため、実質賃金減少のマイナス効果は売上高の増加によって軽減されます。一方、家計（特に勤労者世帯）に関しては、物価の上昇を上回る賃上げが実現しないと、実質賃金は減少してしまいます。

　デフレ下の日本経済では、実質賃金が伸びないなかで家計の支出が手控えられて、国内需要が低迷しました。実質金利の上昇という景気下押し圧力を、家計の実質賃金の増加で打ち消すことができずに、長期金利が2％を超

図表1－2－5　日本の長期金利とインフレ率の推移

（前年比、％）

（注）　インフレ率は消費者物価指数（生鮮食品およびエネルギーを除く総合、消費税調整
　　　済み）の前年比変動率。長期金利は新発10年国債利回り。
（出所）　日本銀行、Bloombergより、みずほリサーチ＆テクノロジーズ作成。

える前に景気が失速する、そうした構図がデフレ下で繰り返されてきまし
た。インフレ率を上回る賃上げ率が実現するかどうか、それが長期金利2％
超えの試金石になるのかもしれません。

外部資金を活用した企業の投資活発化

　コロナ禍以後の日本経済において、米欧と同様に深刻な人手不足で賃上げ
機運が従来になく高まっている点は前述したとおりです。企業経営者は労働
者からの高い賃上げ要求を受け入れざるをえません。問題は、賃上げが一過
性ではなく持続的かどうかという点です。

　人件費コストの増大が企業の収益力を削いでしまえば、賃上げの原資であ
る企業収益は先細りとなってしまいます。企業が賃上げによって十分な労働
力を確保し、同時に収益力の向上を図るためには、株式・社債の発行や銀行
借入れなどの外部資金を活用して、より積極的に設備投資に取り組む必要が
あります。

デフレ下の日本経済では、多くの企業が内部資金の範囲内で設備投資を実施してきました。内閣府「国民経済計算」によると、非金融法人企業の貯蓄・投資バランスは、デフレが定着した1990年代の後半以後、貯蓄超過が常態化しています。一方、1990年代の前半までは投資超過、すなわち自ら稼いだ利益額を上回る投資が行われていました（図表1－2－6）。

　外部資金の活用にはリスクが伴います。借入金の返済負担や株主からの経営に対する圧力も高まります。「金利のある世界」とは、企業経営者がそうしたリスクやコストを飲み込んだうえで、積極果敢に投資に取り組む世界です。同時に、銀行などの金融機関には、企業の投資計画を資金調達面から積極的に支援する役割が求められます。

　企業の設備投資は、短期的には国内需要を刺激します。中長期的には、企業の生産性向上を通じて、賃上げの原資となる利益を底上げします。企業による投資と生産の好循環が機能していたからこそ、1990年代前半までの日本では、実質金利の上昇でも景気の腰折れを招くことのない「金利のある世

図表1－2－6　日本企業の貯蓄・投資バランスと設備投資比率

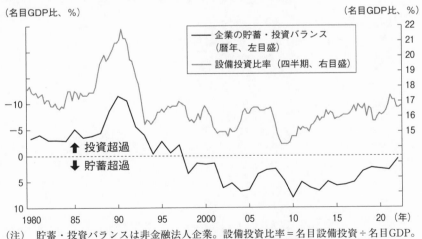

（名目GDP比、％）　　　　　　　　　　　　　　　　　　　　　　　（名目GDP比、％）

（注）　貯蓄・投資バランスは非金融法人企業。設備投資比率＝名目設備投資÷名目GDP。
（出所）　内閣府「国民経済計算」より、みずほリサーチ＆テクノロジーズ作成。

界」が実現していたといえます。

　「金利のある世界」は、生産性向上を伴う日本経済の成長と、それを支える金融機能があってはじめて実現します。単純に、日本銀行が粛々と金利を引き上げて実現する世界では、決してありません。すべての経済主体が、金融正常化後の経済・金融の大転換に備える必要があります。

〈参考文献〉

小野亮（2022）「中央銀行の苦悩―試練の時を迎える2023年―」、みずほリサーチ＆テクノロジーズ、Mizuho RT EXPRESS、2022年12月22日

坂本明日香・宮嵜浩（2023）「迫る日経平均3万4,000円―再びの「資産バブル」には要警戒―」、みずほリサーチ＆テクノロジーズ、Mizuho RT EXPRESS、2023年7月3日

宮嵜浩・上村未緒・大淵渉（2023）「日本経済「金利2％時代」を振り返る―当時との最大の違いは日銀の国債保有―」、みずほリサーチ＆テクノロジーズ、Mizuho RT EXPRESS、2023年10月18日

白井斗京（2023）「「金利のある世界」は一様ではない―利上げ局面ごとの預金・貸出金利の考察―」、みずほリサーチ＆テクノロジーズ、Mizuho RT EXPRESS、2023年12月25日

第 2 章

金利シミュレーション

第2章から、「金利のある世界」のシミュレーション分析を行います。本シミュレーションの最終的な目的は、日本で金利が上昇した際に、企業、家計、政府、金融機関にどのような影響が生じるかを明らかにすることです。第2章では、「金利のある世界」がどういった世界かを明示したうえで、企業、家計、政府、金融機関への影響を考える前提となる政策金利および長期金利の水準を試算します。

　第1節では、本章で想定する「金利のある世界」がどういった世界か、実現に向けて必要な取組みは何かを明示します。「金利のある世界」は日本銀行が目標とする前年比+2％の物価上昇率が持続的・安定的に達成されている世界です。その実現には、日本経済の基礎的条件（ファンダメンタルズ）の改善と、金融政策の適切な対応が求められます。

　第2節では、「金利のある世界」における政策金利について考えます。「金利のある世界」において、日本銀行は2％物価目標が実現したと判断して2024年から利上げを開始すると想定します。政策金利の最終的な到達地点や、そこに至るまでに想定される利上げのペースについては、日本経済のファンダメンタルズの変化などをふまえて試算します。

　第3節では、想定される政策金利の到達点、日本銀行の国債保有方針をふまえて長期金利の水準を試算します。長期金利についても、将来の政策金利の水準を織り込みながら上昇するという経路が想定されますが、日本銀行が保有している大量の国債をどう減らしていくかによって長期金利の水準は変化します。

第 1 節 「よい金利高」と「悪い金利高」との違い

　本節では「金利のある世界」の実現に必要な諸条件を整理します。「金利のある世界」は日本銀行が目標とする前年比＋２％の物価上昇率（２％物価）が持続的・安定的に達成される世界です（図表２－１－１）。具体的には、①２％物価が持続的・安定的に実現し、②労働生産性と実質賃金がともに上昇するなかで、③日本銀行が利上げを実施するものの、④金利上昇を伴いながら景気が順調に拡大する「よい金利高」の世界を想定しています。

　ただし、その実現にはハードルがあり、デフレ脱却に向けた各経済主体の取組姿勢や、日本銀行の政策対応次第では、金利や物価の上昇が一過性に終

図表２－１－１　「よい金利高」と「悪い金利高」の違い

将来の日本経済 （2026年を想定）	「よい金利高」	「悪い金利高」
	２％物価の実現	
	持続的・安定的	一過性・不安定
景気・株価	◎ 力強く拡大・上昇	○ 緩やかに拡大・上昇
労働生産性 （実質賃金）	○ 上昇	▲ 横ばい
金融正常化 プロセス	段階的な利上げ	様子見スタンス

想定する世界観
「金利のある世界」

（出所）　みずほリサーチ＆テクノロジーズ作成。

わるリスクがあります（「悪い金利高」）。本節では、２％物価が安定的に持続する「金利のある世界」の実現に必要な諸条件を整理します。

1　金利と実体経済の連動性

金利は「経済の体温計」と呼ばれています。景気がよくなると金利が高くなり、逆に景気が悪化する局面で金利が低下するケースが、過去に多く見受けられます。

一般に、経済活動が活発になると企業の設備投資や家計の住宅購入に必要な資金の需要が増加します。家計および企業において自己資金のみでは対応できないほど資金需要が増加すれば、銀行借入れや社債発行などの外部資金ニーズが高まり、資金調達金利に上昇圧力が発生します。銀行の貸出金利は引き上げられ、社債の金利も上昇します。

銀行の貸出金利が引き上げられると、銀行貸出の原資になる預金の金利に引上げ余地が生じます。銀行は、現在および将来の資金需要の増加に対応するべく、預金金利を引き上げて十分な預金残高を確保します。

政府も国債の円滑な消化という観点から、足もとおよび将来の金利動向をにらみながら、従来よりも高い金利で国債を発行せざるをえません。政府が相対的に高い金利で国債を大量に発行すれば、銀行の預金金利や社債金利に上昇圧力がかかり、さらに貸出金利にも上昇が波及する可能性があります。

このように、国内の各種金利は相互に影響を及ぼし合いながら、おおむね同じ方向に動く傾向があります。加えて、海外における金利の変動も国内の金利に影響を及ぼします。

海外の国債、たとえば米国債の金利（利回り）が上昇すると、日本の国債利回りと比較した米国債の利回りの相対的な収益性が高まります。投資家は、保有している金融資産全体の収益性を高める観点から、日本国債を売却して米国債の保有を増やす行動をとると考えられます。日本の投資家にとって、米国債の保有はドル円レートの変動という為替リスクを伴うため、日米

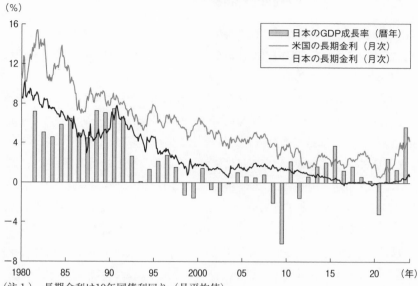

図表２－１－２　日本のGDP成長率と日米長期金利の推移

（注１）　長期金利は10年国債利回り（月平均値）。
（注２）　GDP成長率は名目GDPの前年比。
（出所）　内閣府「国民経済計算」、LSEGより、みずほリサーチ＆テクノロジーズ作成。

の国債利回りが同水準に収束するわけではありませんが、米国債利回りの上昇が日本国債の利回り上昇を促すケースは、現実の金融市場では頻繁に見受けられます。

　また、世界最大の経済規模を有する米国の景気が拡大すれば、日本から米国への輸出が増加したり、米国から日本への投資が活発化したりすることを通じて日本の景気が押し上げられ、日本の金利が上昇する影響もあるでしょう。こうして、日米の金利は水準こそ異なるものの「変化の方向性」ではおおむね一致しています（図表２－１－２）。

2　サマーズ氏の長期停滞論

　以上の整理をふまえると、日本の金利が長期にわたり低下傾向をたどった
背景には、日本独自の要因だけではなく、世界経済が長期的に停滞していた
という事実があります。

　米国の著名な経済学者で、米財務長官や世界銀行チーフエコノミストを務
めたローレンス・サマーズ氏は2013年に、先進国経済が「長期停滞（Secular
Stagnation）」に陥ったとの仮説を提示しました。米国は2008年に発生した
金融危機によって深刻な需要不足に直面し、設備投資と労働供給が減少した
結果、潜在GDP（中長期的に持続可能な経済活動の規模）の成長トレンド
が下方屈折しました。しかしサマーズ氏によれば、実は金融危機の前から、
米国では高成長が達成しにくくなっていたようです。貯蓄が過剰になりカネ
余りが生じた一方で、将来の成長を見込んだ設備投資が不足して資金需要が
減退したことから、貯蓄と投資をバランスさせる（景気に対して中立的な）
均衡金利が大幅に低下したとサマーズ氏は主張しました。

　実際、海外の主要先進国の金利を振り返ると、各国の長期金利は2000年以
後、少なくとも2020年頃までは、中長期的な低下トレンドをたどってきたこ
とが確認できます。経済成長と金利の間に密接な関係が存在することをふま
えると、サマーズ氏の長期停滞論には十分な説得力がありました。

　サマーズ氏の長期停滞論に従えば、日本を含む主要先進国は「貯蓄過剰と
投資不足」を解消しない限り、金利の趨勢的な上昇は実現しないことになり
ます。それでは、2020年の新型コロナウイルス感染拡大に伴う世界経済の大
収縮を経て、2022年以後に顕在化した欧米各国の金利急上昇を、われわれは
どう解釈すればよいのでしょうか。

　実はサマーズ氏自身は2023年に自らの長期停滞論を撤回しています[1]。今
後は安全保障関連の財政支出が継続し、再生可能エネルギーへの投資増加な

1　2023年の米国経済学会・年次総会のパネルディスカッションにおける発言より。

ども加わって投資不足は解消するとし、再び低金利の世界に戻ることはないとサマーズ氏は明言しました。サマーズ氏の予言が再び当たるとすれば、欧米と同様に日本でも金利上昇圧力が高まり、「金利のある世界」が現実味を帯びてきます。

3　国内に起因する二つの金利低下要因

ただし、日本には他の主要先進国にはない独自の金利低下要因が二つ存在します。一つは日本の人口構造に起因する潜在GDP成長力の停滞[2]、もう一つはデフレからの完全脱却を目指すための金融緩和の長期化です。「金利のある世界」を展望するうえでは、これら二つの要因が日本の金利に及ぼす影響について確認しておく必要があるでしょう。

日本の潜在GDP成長力の停滞

日本では今後、潜在GDPの成長率が伸び悩む見通しです。潜在GDPの定義はさまざまですが、本書では最も一般的な「中長期的に持続可能な経済活動の規模」とします。潜在GDP成長率の標準的な算出方法は、①資本投入量（設備・ソフトウェアの総量×稼働率）の伸び率と②労働投入量（就業者数×労働時間）の伸び率を加重平均値し、それに③生産効率（生産性）の向上分を加算するというものです。これら三つの要素のうち②の労働投入量が構造的に伸びない点が、日本の潜在GDP成長力が停滞する最大の要因です（図表2－1－3）。

少子高齢化が急速に進展する日本において、労働投入量の前提となる生産年齢人口（15歳から64歳までの人口）を増やすことは困難です。移民を積極的に受け入れることで労働力を増やす、あるいは労働市場改革を通じて潜在的な労働投入量を高めるといった方法も、選択肢としては存在します。しかし、その実現可能性には不透明感が強いうえ、移民の受入れや労働市場改革

2　ブランシャール（2023）は、潜在成長率の低下は金利低下の主要な要因ではないが、平均寿命が長くなれば貯蓄が増加し金利が低下する可能性が高いと指摘しています。

図表２－１－３　日本の潜在GDP成長率の要因分解

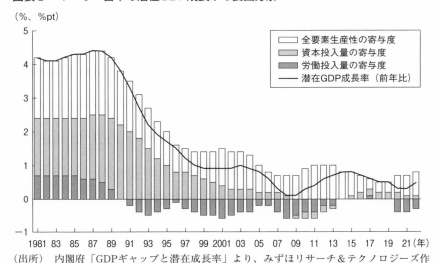

（％、％pt）

凡例：
- □ 全要素生産性の寄与度
- ▨ 資本投入量の寄与度
- ▦ 労働投入量の寄与度
- ― 潜在GDP成長率（前年比）

（出所）　内閣府「GDPギャップと潜在成長率」より、みずほリサーチ＆テクノロジーズ作成。

を短期間に実施することはむずかしいでしょう。

　今後、労働投入量の伸び悩みによる潜在GDP成長率の下押し圧力を跳ね返すには、企業の省力化・効率化投資や人的資本投資を促して、資本投入量を増加させたり生産性を押し上げたりする必要があります。労働市場における深刻な人手不足や、人的資本投資に対する企業の前向きな姿勢がきっかけになって、潜在GDP成長率の上昇につながるかどうかが、日本の金利の先行きをみるうえできわめて重要であるといえます。

金融緩和の長期化

　日本経済は長らく、物価が継続して下落するデフレ（Deflation）を経験してきました。消費者物価指数（生鮮食品を除く総合＝コアCPI）が継続的に前年比マイナスを記録したのは、1990年代の後半からです。2010年代の半ば以後にはデフレ傾向が徐々に緩和し、コアCPIが小幅ながらも前年比プラス圏で推移するケースが現れてきましたが、それでも主要先進国のインフレ

率に比べるとかなり低水準でした。過去30年の日本経済において、2％物価を持続的・安定的に実現したことは、少なくとも2020年のコロナ・ショック以前にはありませんでした。

　日本銀行を含めた世界の中央銀行は、物価安定の責務を負っています。もし、2％の物価安定の目標よりも現実のインフレ率が低ければ、中央銀行は利下げなどの金融緩和政策を実施して、物価を押し上げる必要が生じます。デフレからの完全脱却を目指す日本銀行は、2％物価が持続的・安定的に実現していない状況では、利上げには慎重な姿勢をとらざるをえませんでした。

4　「金利のある世界」のカギを握る労働生産性の上昇

　今後、日本の金利の長期的な低下傾向をもたらした諸要因が変化していけば、日本で「金利のある世界」が実現する可能性は高まります。海外要因に関しては、サマーズ氏が自らの長期停滞論を撤回したように、すでに変化の兆候が現れています。

　国内要因のうち「金融緩和の長期化」についても、2024年に入って状況が大きく変わりました。日本銀行は、同年3月に行われた金融政策決定会合において、10年超に及んだいわゆる「異次元緩和」の終了に踏み切りました。その背景として、賃金と物価の好循環の強まりを確認し、2％の「物価安定の目標」が持続的・安定的に実現していくことが見通せるようになったと説明しています。

　日本銀行が持続的・安定的な2％物価達成を見極めるうえで重要視したのが賃金の動向です。2024年の春闘において、2023年を上回るしっかりとした賃上げが確認できたことは、日本銀行が異次元緩和の終了を決断する大きな材料になったと考えられます。

　賃金について、とりわけ物価の先行きとの関係では、名目（金額）ベースの賃金から物価変動の影響を除いた実質賃金の動きが注目されます。実質賃

金の増加は、物価変動を上回る賃上げが行われていることを意味します。実質賃金が増加すると、個人消費の強まりを通じて景気が拡大し、持続的・安定的な物価上昇が実現しやすくなると考えられます。これは日本銀行が指摘する「賃金と物価の好循環」の姿であり、本書の「金利のある世界」で想定する「よい金利高」に必要な条件であるといえるでしょう。

　一方で実質賃金の減少が続くと、個人消費が冷え込み、景気に下押し圧力が生じます。企業は販売価格の引下げを余儀なくされ、２％物価は一過性・不安定なものになるでしょう。たとえば資源・エネルギーといった輸入価格の上昇のみにけん引された物価上昇は、一過性である可能性が高いと考えられます。こうしたケースで、物価安定の目標が実現したと誤認して拙速な利上げを行うと、一時的に金利が上昇しても、その後景気が冷え込んで結果的に物価や金利が再び低下するおそれがあります。まさに本節の冒頭で紹介した「悪い金利高」の典型です。

　では、どうすれば実質賃金の持続的な増加が実現するのでしょうか。実は、先述した金利低下の国内要因のうち、残る課題である「潜在GDP成長力の停滞」が実質賃金にも大きくかかわっています。

　潜在GDP成長力を強めるために、企業の省力化・効率化投資や人的資本投資を促して、資本投入量を増加させたり生産性を押し上げたりする必要があることは先述したとおりです。こうした取組みは、労働生産性の上昇を通じて実質賃金の増加にもつながりうると考えられます。

　労働生産性とは、労働者１人・労働時間１時間当りの財・サービスの生産量のことです。労働生産性が上昇すると同じ労働者数・労働時間でより多くの財・サービスが生産でき、その分だけ企業の利益が増して、労働者の賃金を引き上げることが可能になります[3]。実質賃金と労働生産性それぞれの伸び率を比較すると、単年の動きにはブレがありますが、長いトレンドではおおむね似通った動きをしていることが確認できます（図表２－１－４）。

　このように、労働生産性は実質賃金、潜在GDP成長率の両方と密接な関係をもっています。労働生産性が上昇する局面では実質賃金、潜在GDP成

図表２－１－４　実質賃金と労働生産性の推移

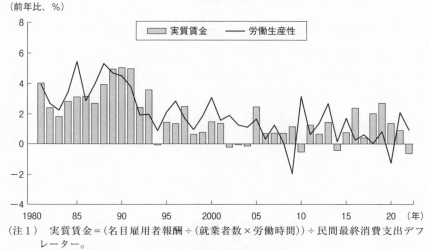

（前年比、％）

（注１）　実質賃金＝（名目雇用者報酬÷（就業者数×労働時間））÷民間最終消費支出デフ
レーター。
（注２）　労働生産性＝実質GDP÷（就業者数×労働時間）。
（出所）　内閣府「国民経済計算」より、みずほリサーチ＆テクノロジーズ作成。

長率が同時に上昇する可能性が高いと考えられます。労働生産性を高めるの
は決して容易ではありませんが、日本銀行が目指す「賃金の上昇を伴った
２％物価の持続的・安定的な実現」の理想形は、まさに労働生産性の上昇に
よって実現します。

3　厳密には、経済全体の需要と供給が一致している状況において、（時間当り）実質賃
金と労働生産性の間には「実質賃金＝労働生産性×労働分配率×物価比率」の関係が成
立します。ここで、労働分配率は企業が生産した財・サービスのうち労働者が報酬とし
て受け取ることができる割合を指します。また、物価比率はGDPデフレーターを消費者
物価で割った値であり、企業が生産した財・サービスの販売価格と労働者が消費する
財・サービスの購入価格の比率を表します。したがって、企業が生産した財・サービス
がすべて需要され、かつ労働分配率と物価比率が一定である場合、労働生産性が上昇し
た分だけ実質賃金が上昇します。

5 「よい金利高」の実現可能性

本書が想定する「金利のある世界」は、冒頭で触れたように①２％物価が持続的・安定的に実現し、②労働生産性と実質賃金がともに上昇するなかで、③日本銀行が利上げを実施するものの、④金利上昇を伴いながら景気が順調に拡大するという「よい金利高」の世界です。

上記の実現には、②労働生産性と実質賃金の上昇が特に重要です。そのためには、深刻な人手不足に対応した省力化・効率化投資や労働者のスキルを高める人的資本投資に、企業がより積極的に取り組むことが求められます。こうした投資の活発化により企業の生産性が高まり、収益が改善し、賃金が上昇する好循環が生じうると考えられます。

ただし、多くの企業が高い設備投資意欲を有していても、設備投資に必要となる機械や建設資材などの資本財の生産が人手不足のせいで滞るリスクがあります。また、設備投資にかかるコストの増大（資材価格や人件費の上昇）によって、当初計画していた設備投資の実施が困難となるケースもあるでしょう。政府には、生産性向上に向けた企業の設備投資を喚起すべく、積極的な政策対応が求められると同時に、金融機関にも潤沢な資金供給によって企業の設備投資を後押しする役割が期待されます。

次節からは、「金利のある世界」のうち、「よい金利高」の前提となる日本経済の基礎的条件（ファンダメンタルズ）や、金融政策の想定シナリオを解説します。

〈参考文献〉

オリヴィエ・ブランシャール（2023）『21世紀の財政政策―低金利・高債務下の正しい経済戦略―』、日本経済新聞出版

ブルームバーグ・ニュース（2023）「2023年の市場は『混乱』、低金利時代は終わり―サマーズ氏」、2023年１月７日配信

小野亮（2014）「サマーズの長期停滞論―世界的な貯蓄と投資の不均衡とその影響―」、みずほ総合研究所、みずほリサーチ、2014年９月号

第**2**節 政策金利を試算する

第1節で触れたように、「よい金利高」が実現するためには経済の基礎的条件（ファンダメンタルズ）の改善が欠かせません。同時に、中央銀行による適切な金融政策も「よい金利高」実現のカギを握ることになります。本節では、まず金融政策の主要なツールである政策金利の考え方を整理したうえで、本書が想定する「金利のある世界」の政策金利の水準を試算します。

1 政策金利の考え方

金融政策の主要なツール

中央銀行は、金融政策の目的を達成するためにさまざまな金融調節を実施しています。最も代表的な金融調節手法が政策金利の操作です。

多くの国・地域において、金融政策の目的は「物価（通貨価値）を安定的に保つこと」とされています。日本でも同様に、金融政策の目的は「物価の安定を図ること」と定められています。物価の安定は経済の安定的・持続的な成長に不可欠であり、日本銀行は物価の安定を通じて国民経済の健全な発展に貢献する役割を担うと、日本銀行法で規定されています。2013年に日本銀行は、消費者物価の前年比上昇率2％の「物価安定の目標」を導入しました。2％物価目標を実現すべく、日本銀行は金融政策決定会合において、政策金利の誘導目標を決定しています。

政策金利を一定の目標水準に誘導すべく、日本銀行は金融機関との間で有価証券や手形を売買する公開市場操作（オペレーション、オペ）を実施しています。日本銀行はこれらを通じて短期金融市場に出回る資金の過不足を調節しています（図表2-2-1）。

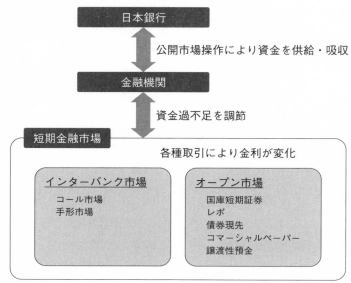

図表２－２－１　金融政策と短期金融市場

日本銀行

公開市場操作により資金を供給・吸収

金融機関

資金過不足を調節

短期金融市場

各種取引により金利が変化

インターバンク市場
コール市場
手形市場

オープン市場
国庫短期証券
レポ
債券現先
コマーシャルペーパー
譲渡性預金

（出所）　みずほリサーチ＆テクノロジーズ作成。

政策金利の変遷

　短期金融市場で金融調節を実施していることもあり、政策金利は伝統的に短期金利でした。しかし、短期金利をゼロ％に引き下げてもデフレ圧力が払しょくできなくなると、各国・地域の中央銀行は非伝統的な金融政策、すなわち短期金利以外を政策金利ないし金融調節目標とする金融政策を導入しました。2023年末時点の日本銀行の金融政策も、非伝統的な金融政策の一つです。以下では、これまでの日本銀行の政策金利の変遷を振り返ります。

　第二次大戦後の日本は、政府や日本銀行が法律に基づき金利を規制する「規制金利」時代が長く続きました。規制金利時代は、日本銀行は公定歩合の操作によって金融市場調節を行っていました。公定歩合とは日本銀行が金融機関に資金を貸し出す際の金利のことです。金融機関の預金金利や貸出金利は公定歩合に連動していたため、公定歩合は金利変動の重要な要因となっ

ていました。

　1970年代後半以後に段階的に進められた金利自由化が1994年に完了し、金融機関は各種金利を自由に決めることができるようになりました。そのため、各種金利と公定歩合との連動性が薄れました。

　1995年、日本銀行は無担保コール翌日物金利（コールレート）を誘導する公開市場操作を開始しました。1998年には正式に、金融市場調節の操作目標がコールレートであることが明記され、公定歩合は名実ともに、政策金利としての役目を終えました。

　コールレートとは、金融機関同士が短期資金を取引するコール市場において、翌日返済の資金を無担保で貸し借りする際に適用される金利です。日本銀行は金融政策の方針に沿って、コールレートを適切な水準に誘導するよう運営していました。操作目標が政策金利ではなく日銀当座預金（日本銀行が取引先の金融機関等から受け入れる当座預金）の残高になった2001年から2006年までの量的金融緩和期を除き、2013年４月までコールレートが政策金利として用いられていました。

　2013年４月に量的・質的金融緩和が導入され、操作目標はコールレートからマネタリーベースに変更されました。そして、2016年１月に「マイナス金利付き量的・質的金融緩和」の導入を決定したことで、政策金利は、金融機関が日本銀行に預ける日銀当座預金の一部（政策金利残高）に適用される金利（▲0.1％）になりました。さらに、同年９月以後は「長短金利操作（イールドカーブ・コントロール、YCC）付き量的・質的金融緩和」のもとで、政策金利は短期金利、長期金利の二つになりました。短期金利は前述のとおり▲0.1％から変わりませんが、長期金利は、10年物国債利回りが０％程度で推移するよう、上限を設けず必要な金額の長期国債を買い入れることでコントロールされました。

　そして、2024年３月に長短金利操作付き量的・質的金融緩和が終了し、金融政策の枠組みが見直されました。日本銀行は再び政策金利をコールレートとしたうえで、金融市場調節方針においてその誘導目標を定めています。

金融政策ルールに基づく政策金利の導出

中央銀行の政策金利の決定に関する金融政策ルール（政策反応関数）として最も有名なのが、米国の経済学者ジョン・テイラー氏が1993年に提唱した「テイラールール」です。テイラールールにはさまざまなバリエーションがありますが、本節ではテイラー氏が最初に提唱した最もシンプルな以下の定義を紹介します（Taylor（1993））[1]。

　　　・政策ルール金利＝自然利子率＋現実のインフレ率　……………………①
　　　　　　　　　　　＋ α ×（現実のインフレ率 − 目標インフレ率）　……②
　　　　　　　　　　　＋ β ×需給ギャップ　………………………………③

　　（α、β は正の定数で政策反応パラメータ）

この定義に基づくと、現実のインフレ率が目標インフレ率を上回る場合（②がプラス）や、景気が過熱し、経済全体で需要が共有を上回り需給ギャップがプラスになる場合（③がプラス）は、中央銀行が政策金利を引き上げて金融引締めを行います。逆に、現実のインフレ率が目標インフレ率を下回る場合（②がマイナス）や、景気が悪化して失業率が上昇し、需給ギャップがマイナスに転じた場合（③がマイナス）は、政策金利を引き下げて金融緩和を行うことになります。

現実のインフレ率が目標インフレ率に一致し、かつ需給ギャップがゼロの場合（②・③がともにゼロ）は、政策金利は自然利子率と現実のインフレ率の和（①）になります。この状況では、金融引締めでも金融緩和でもない、景気・物価に対し中立的な金融政策が行われていることになります。その意味で、自然利子率は「中立金利」または「均衡実質金利」とも呼ばれます。

1　なお、日本銀行は2021年3月に実施した「より効果的で持続的な金融緩和を実施していくための点検」のなかで、過去N年間の平均インフレ率が目標インフレ率2％以下のケースにおいて、テイラールールを拡張した平均インフレ目標ルール「政策金利＝均衡名目金利＋1.0×N×（N年間の平均インフレ率 − 目標インフレ率）＋0.5×需給ギャップ」を適用するシミュレーションを行いました。その結果、当時日本銀行が採用していた「インフレ率の実績値が安定的に2％を超えるまでマネタリーベースの拡大方針を継続する」というオーバーシュート型コミットメントが金融政策運営として適切であるとの結論が得られたとしています。

なお、①で「政策ルール金利＝自然利子率＋現実のインフレ率」となっていることからもわかるとおり、自然利子率は物価変動を除く実質ベースの金利水準を表しています。

自然利子率と潜在GDP成長率

自然利子率（均衡実質金利、中立金利）は、上記のように「景気・物価に中立的な金利」と定義されていますが、もう一つ、一定の前提のもとで長期的には潜在GDP成長率（中長期的に持続可能な実質ベースの経済成長率）に一致するという性質をもっています[2]。本節でもこの後の政策金利の試算において、潜在GDP成長率を自然利子率の近似値として用いています。

このように重要な性質をもつ自然利子率ですが、残念ながら実際にデータとして観察できるわけではなく、統計的に推測するしかありません。自然利子率の水準をめぐっては米国を中心に多くの識者が議論を続けています。その背景には「中央銀行による金融政策運営の参考情報として、景気中立的な金利水準を正確に計測することが重要であるという問題意識」（小田・村永（2003））があります。

自然利子率の推計手法はさまざまであり、実質金利の趨勢から推計するものや、実質金利以外の経済変数を利用して推計するものなどがあります。たとえば、ニューヨーク連銀のウィリアムズ総裁は自然利子率の研究者として著名であり、2003年に当時の米連邦準備制度理事会（FRB）エコノミストのローバック氏とともに提案した自然利子率の推計手法はLaubach-Williamsモデルとして広く利用されています。

また、サマーズ元米財務長官が2013年に発表した、自然利子率とその決定要因に関する仮説も話題を呼びました。サマーズ氏は貯蓄投資バランスの変化によって自然利子率が低下したと主張し、先進国経済が通常の金融緩和では経済の需要不足を解消できない状態になっているという「長期停滞論」を提唱しました[3]。

2　自然利子率が長期的に潜在GDP成長率に一致する理論的な背景については、たとえば小田・村永（2003）を参照してください。

日本銀行も小田・村永（2003）や須藤・岡崎・瀧塚（2018）、日本銀行企画局（2023）などにおいて日本の自然利子率を推計しています。ただし、上記のとおり推計手法や決定要因に幅があるため、統計データとして定期的な公表は行われていません。

2　「金利のある世界」における政策金利の到達点と引上げペース

自然利子率と期待インフレ率の想定

　「金利のある世界」では、日本経済が潜在成長率の上昇を伴いながら拡大し、2％物価目標が持続的・安定的に実現するなかで、政策金利が金融緩和的でも引締め的でもない中立的な水準に設定されると想定しています。具体的にはテイラールールに基づき、自然利子率（≒潜在GDP成長率）0.8％と、インフレ率2.0％の和である2.8％という水準に、政策金利が近づくと試算しました（図表2－2－2）。

　「金利のある世界」では2％物価目標が持続的・安定的に実現し、インフレ率が2％に収束するとの前提を置きました。自然利子率については、2023年までの10年間における潜在GDP成長率の平均である0.5％に比べて0.3％Pt高い0.8％に上昇すると想定しました。これは「金利のある世界」における潜在GDP成長率（平均的な実質GDP成長率）を0.8％と想定していることを意味します。そうした世界が実現するには、本章第1節で論じたように、企業投資の活発化による資本投入量の増加や生産性の向上が不可欠です。

　具体的に想定される投資としては、一つには教育訓練投資やリスキリング（学び直し）などの人的資本投資があります。たとえば企業による教育訓練投資により、従業員1人当りの教育訓練投資の累積額が毎年5％増加すると、労働生産性が年率0.1％Pt押し上げられるとの試算があります（内閣府

3　詳細は本章第1節を参照してください。

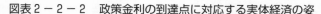

図表２－２－２　政策金利の到達点に対応する実体経済の姿

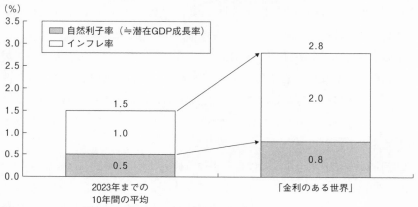

（出所）　みずほリサーチ＆テクノロジーズ作成。

（2023））。また、各種ロボット（製造・運搬・介護等）の活用やデジタル化の推進（各種ソフトウェア、AIの活用など）への投資もあげられます。こうした投資は省力化投資と呼ばれ、業務効率化などを通じて生産性の向上に結びつくことが研究で報告されています（内閣府（2020））。「金利のある世界」では、これらの投資が生産性を改善させ、潜在GDP成長率を押し上げることを前提としています[4]。

政策金利の引上げペース

　次に、政策金利の引上げペースについて考えます。結論からいうと、本書の「金利のある世界」では、2022年以後の米国でみられたような急速かつ大幅な利上げ経路は想定していません。

　米国ではコロナ禍を経て、2021年以後にインフレが急速に進みました。米連邦準備制度理事会（FRB）はインフレ抑制のため、2022年３月に金融引締めを開始しました。利上げ幅は2022年３月こそ0.25％Ptでしたが、その後もインフレ圧力は収束せず、続く５月に0.5％Pt、６月には0.75％Ptと利上

4　詳細は、みずほリサーチ＆テクノロジーズ（2023）を参照。

げ幅を拡大し、その後11月まで連続で0.75％Ptの利上げが実施されました。これは2022年3月の利上げ開始時点でFRBが想定していたよりも実際のインフレ圧力がはるかに強く、インフレの加速が続いたためです。

　半面、日本はいまだ利上げを開始していない2023年の時点で、インフレが鈍化に転じています。想定外のインフレ加速に対応したFRBのケースとは異なり、日本銀行は急いで金利を引き上げなければならない状況ではありません。日本銀行は、少なくとも米国よりは緩やかなペースで利上げを実施すると想定するのが現実的です。

　2006年から2007年にかけての日本銀行の利上げ局面を振り返ると、1回の利上げ幅は0.25％Ptであり、利上げの頻度は4〜5カ月程度に一度となっています。当時は結果的に2％物価の「持続的・安定的」な実現には至りませんでしたが、本書の「金利のある世界」では、当時よりも利上げペースをやや速めて、四半期（3カ月）ごとに0.25％Ptの利上げを想定します。

　日本銀行が2024年4〜6月期から0.25％Ptの利上げを開始した場合、2年

図表2－2－3　インフレ率と政策金利の推移

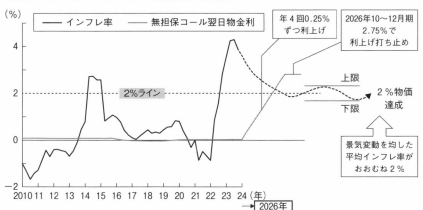

（注1）　インフレ率は消費者物価指数（生鮮食品およびエネルギーを除く総合）の前年比。
（注2）　日銀当座預金残高への適用金利は一律に政策金利と同水準。準備預金制度に基づく所要準備額は0％。
（出所）　総務省、LSEGより、みずほリサーチ＆テクノロジーズ作成。

半後の2026年10〜12月期に、政策金利は中立金利（2.8％）近傍の2.75％に到達します。その後、政策金利は本稿の推計期間（2030年度）まで据え置かれると想定しています（図表２－２－３）。

「悪い金利高」の場合の政策金利

政策金利の引上げ開始から２年半もの間、日本の景気が腰折れせずに拡大傾向を続けるという本書の「金利のある世界」の想定は、あくまでシミュレーションの前提にすぎません。現実には、政策金利が引き上げられる過程で民間投資が活発化する保証はありませんし、投資が潜在成長率（自然利子率）の押上げに寄与するとも限りません。

本書の想定は、日本経済が潜在成長率の上昇を伴いながら拡大を続けるなかで、物価が持続的・安定的に上昇し、金利にも上昇余地が生まれるという「よい金利高」の世界観です。一方で、政策金利の引上げ局面で民間投資が活発化しなければ、景気は腰折れしてインフレは鈍化に転じ、日本銀行は利上げの停止ないしは利下げ転換を余儀なくされるでしょう。あるいは、日本銀行が２％物価の持続性・安定性を見誤った場合、過度な利上げがその後の深刻な景気後退を招き、日本経済がデフレに逆戻りする可能性も否定できません。いわゆる「悪い金利高」のシナリオです。

本書の「金利のある世界」のシミュレーションは、将来の景気・物価の上振れに備えた思考実験です。ただし、米国や欧州がコロナ禍後の急速なインフレと利上げという想定外の出来事に直面したことをふまえると、状況は異なるものの、日本でもインフレと金利が上振れる「金利のある世界」の到来に備える意義は大きいでしょう。

〈参考文献〉
岡崎陽介・須藤直（2018）「わが国の自然利子率─DSGEモデルに基づく水準の計測と決定要因の識別─」、日本銀行、日本銀行ワーキングペーパーシリーズNo.18-J-3、2018年6月
小田信之・永幡崇（2005）「金融政策ルールと中央銀行の政策運営」、日本銀行、日銀レビュー2005-J-13、2005年8月

小田信之・村永淳（2003）「自然利子率について：理論整理と計測」、日本銀行、日本銀行ワーキングペーパーシリーズNo.03-J-5、2003年10月

小野有人・小野裕士・山村晋介（2012）「わが国金融機関における預金の低収益性〜低金利局面における普遍的な現象か〜」、みずほ総合研究所、みずほ総研論集、2012年Ⅰ号

小野亮（2014）「「長期停滞論」と自然利子率の低下　政策金利の長期水準見直しは過度な緩和のリスクも」、みずほ総合研究所、みずほインサイト、2014年6月9日

川本卓司・中島上智・三上朝晃（2021）「「点検」補足ペーパーシリーズ③　マクロ経済モデルを用いたオーバーシュート型コミットメントの分析」、日本銀行、日本銀行ワーキングペーパーシリーズNo.21-J-11、2021年5月

須藤直・岡崎陽介・瀧塚寧孝（2018）「わが国の自然利子率の決定要因―DSGEモデルとOGモデルによる接近―」、日本銀行、日銀リサーチラボ・シリーズ、2018年6月13日

内閣府（2020）「令和2年度　年次経済財政報告」、2020年11月

日本銀行（2021）「より効果的で持続的な金融緩和を実施していくための点検」、2021年3月19日

内閣府（2023）「中長期の経済財政に関する試算（令和5年7月25日経済財政諮問会議提出）」

日本銀行（2016）「金融緩和強化のための新しい枠組み「長短金利操作付き量的・質的金融緩和」」、2021年3月19日

日本銀行企画局（2023）「非伝統的金融政策の効果と副作用」、日本銀行「「金融政策の多角的レビュー」に関するワークショップ（第1回）　第4セッション　非伝統的金融政策」、2023年12月4日

みずほリサーチ＆テクノロジーズ（2023）「「金利のある世界」への日本経済の適応力」、みずほリポート、2023年11月21日

宮嵜浩（2023）「次の焦点はマイナス金利解除の時期―平均インフレ目標ルールが金融政策正常化の指針に―」、みずほリサーチ＆テクノロジーズ、Mizuho RT EXPRESS、2023年8月2日

Summers, L.H.（2013）Remarks at the IMF Fourteenth Annual Research Conference in Honor of Stanley Fisher, Washington, DC.

Taylor, J.B.（1993）"Discretion versus Policy Rules in Practice," *Carnegie-Rochester Conference Series on Public Policy*, Vol.39

第**3**節 長期金利を試算する

本節では、第2節で示した政策金利の上昇パスをふまえて、「金利のある世界」における長期金利（＝10年国債利回り）の水準を考えます。

1 長期金利の決定要因

そもそも長期金利はどのように決まるのでしょうか。はじめに、長期金利の決定要因に関する代表的な考え方として、「フィッシャー方程式」「純粋期待仮説」を紹介します。

　・フィッシャー方程式

　　名目長期金利＝実質長期金利＋期待インフレ率

　・純粋期待仮説

　　長期金利＝短期金利の将来予想の平均値

フィッシャー方程式は名目金利を実質金利と期待インフレ率で説明する考え方です。「実質長期金利」は物価変動の影響を除いた長期的な投資リターンです。「期待インフレ率」は現時点で予想される今後10年間の平均的なインフレ率を表します。

純粋期待仮説は将来の短期金利の積み重ねで長期金利を説明する考え方です。「短期金利の将来予想」とは今後10年間にわたって短期金利（≒政策金利）がどのように変化するかを予想したものです。純粋期待仮説は、仮に将来に不測の事態がまったく生じず、短期金利が予想どおりに推移する場合には、10年国債を購入することで得られる金利収入と10年間毎日短期金利で運用し続けた場合の金利収入とが等しくなるはずであるということを意味します（両者が等しくない場合は、より利益を得られる運用方法に投資家が集ま

り、金利差がなくなります）。

　これらは代表的な考え方ではありますが、等式が成立するのは、投資家が将来のインフレ率や短期金利について正確にわかっている場合のみです。現実には、10年後の将来まで不測の事態が生じず、予想どおりにインフレ率や短期金利が動くことはありえません。不測の事態が生じる可能性は、1年後よりも5年後、5年後よりも10年後と、期間が長くなるにつれて大きくなります。したがって、一般的には期間の長い債券ほど、将来予想から考えられる金利水準に一定の上乗せが要求されます。この上乗せ分を「リスクプレミアム」と呼びます[1]。

　リスクプレミアムにはあらゆる不確実性が含まれます。フィッシャー方程式に即していえば、実質長期金利とインフレ率の予想に関する不確実性が存在しますし、純粋期待仮説に即していえば、短期金利の予想に関する不確実性が存在します。また、どちらのモデルも明示的には取り扱っていませんが、国家の債務があまりに大きくなれば、元本が返済されないデフォルトリスクによってリスクプレミアムが押し上げられる場合もあります。

　なお、長期金利の決定要因には、その他に「市場分断仮説」という考え方もあります。この仮説は、短期債（主に1～2年以内の満期を想像してください）の投資家と長期債（主に10年以上の満期を想定してください）の投資家はそれぞれ異なる背景からその債券に投資しており、短期債の金利は短期債の需給によって決まり、長期債の金利は長期債の需給によって決まるとする考え方です。たとえばマネーマーケットファンド（MMF）のような、いつでも解約可能かつ、元本の毀損がほとんど想定されていないファンドでは、できるだけ価格変動の少ない短期債で運用するインセンティブが存在します。一方で、生命保険会社のような数十年後に支払うべき負債に基づいて

1　フィッシャー方程式の「実質長期金利」には実質金利の不確実性が、「期待インフレ率」にはインフレ率の不確実性が反映されていると考える場合もあります。ここでは、各種概念をていねいに説明するために、リスクプレミアムは別の項として説明しています。なお、本節でいうリスクプレミアムは、タームプレミアム（期間プレミアム）を含んでいます。

運用している投資家は長期債を保有し、長期のリターンを確定させたいインセンティブが存在します。この場合、短期金利の将来予想と長期金利とが乖離している場合でも、より利回りのよいほうで運用しようというインセンティブが働きづらくなるため、純粋期待仮説が成立しにくくなります。

　次項以後では、これらの考え方を長期金利の推移を理解する助けとなるように使い分けながら、議論を進めていきます。

2　長期金利の到達点

短期金利、長期金利の推移

　図表2－3－1は過去20年程度の短期金利、長期金利の推移を示しています。本章第2節で触れたとおり、短期金利は2006〜2008年に一時的に上昇したのを除き、ほとんどゼロないしマイナスで横ばいの推移が続いてきました。

　一方の長期金利は、2000年代には0.5〜2.0％程度の範囲を上下しており、

図表2－3－1　短期金利、長期金利の推移

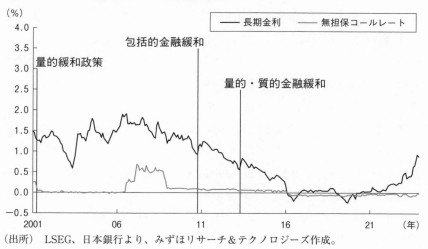

（出所）　LSEG、日本銀行より、みずほリサーチ＆テクノロジーズ作成。

短期金利と比較して変動が大きくなっています。2000年代に行われていた量的緩和政策では、消費者物価の基調的な上昇が解除条件として示されていました。この間の長期金利が短期金利よりも1％前後高い水準であったのは、先述した純粋期待仮説に即して解釈すると、量的緩和政策の解除条件がいずれは達成可能で、10年間である程度短期金利が上昇すると市場参加者がみていたことを示唆します。実際に2006年には利上げが行われ、市場参加者の予想が一部実現しました。

　しかし、その後リーマンショックや東日本大震災を経験し、持続的な物価上昇、経済成長が見込めない期間が長期化するにつれて、長期金利も低下しました。この間の動きは、フィッシャー方程式に即して理解すれば、将来の成長期待（≒実質長期金利）や期待インフレ率が低下したことを示唆します。

　2013年4月の量的・質的金融緩和政策の導入によって長期金利はいっそう低下し、2016年9月以後は長短金利操作（イールドカーブ・コントロール、YCC）付き量的・質的金融緩和が導入されたことで、長期金利の水準は日本銀行が定める範囲でのみ変動するようになりました。量的・質的金融緩和以前の金融緩和策では、日本銀行が金融機関への流動性支援を行うことで間接的に金融機関の国債購入余力を創出していましたが、量的・質的金融緩和以後は日本銀行が直接的に長期国債を購入するようになります。これを市場分断仮説に即して考えると、それまで存在していなかった、長期国債に対する巨大な需要をもつ投資家が参入したことで、長期国債の需給が引き締まり、長期金利が低下したことになります。2022年以後は、物価上昇とYCCの緩和を受けて、長期金利が上昇していますが、2000年代と比較すると相対的に低い水準となっています。

「金利のある世界」で想定する長期金利の到達点は3.5%

　以下、本書で想定する「金利のある世界」における長期金利の水準を具体的に考えていきましょう。ここでは本章第2節で想定した政策金利（短期金利）を基準とし、それに金利上乗せ分（長短スプレッド）を加えるかたちで

図表2－3－2　長短スプレッドの推移

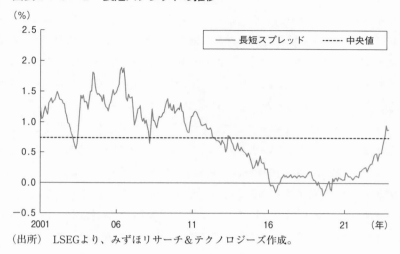

（出所）　LSEGより、みずほリサーチ＆テクノロジーズ作成。

長期金利を試算します[2]。

　図表2－3－2は、2001年以後の長短スプレッド（長期金利－無担保コールレート）の推移と、同期間における長短スプレッドの中央値を示したものです。長短スプレッドは大まかには2013年前後を境に、それ以前は1～1.5％程度で推移し、それ以後は0～0.5％程度で推移していることがわかります。2013年は、日本銀行が量的・質的金融緩和を開始したタイミングです。市場の需給と関係なく日本銀行が長期国債を大量に購入したことで、長期金利が大きく低下し、長短スプレッドが縮小しました。

　「金利のある世界」では、利上げだけでなく、日本銀行がこれまで買い入れてきた国債を減らしていく「量的引締め」も同時に行われます。ただし、すでに大量に国債を保有している日本銀行が保有分を一気に売却してしまう

2　長短スプレッドの変化には「短期金利の将来予想の変化」と「リスクプレミアム（タームプレミアム）の変化」の両方が含まれていますが、Cohen（2018）によればリスクプレミアムの水準は推計方法により異なることが知られています。本書では長短スプレッドの各構成要素を直接推計することはせず、過去の長短スプレッドの推移を用いて「金利のある世界」における長期金利の水準を試算します。

と、金利は急上昇してしまいます。現実的には、市場の需給を見極めながら国債購入額を満期償還額より少なくしていくことで、徐々に保有額を減らしていくと予想されます。日本銀行が大量の国債保有者である状況がすぐに変わるわけではないため、長短スプレッドが0〜0.5％の時代から、すぐに1〜1.5％の時代に変わるわけではなく、徐々に量的・質的金融緩和以前の状態に戻っていくものと考えられます。

そのプロセスは第4章第2節で改めて述べますが、本書で想定している2030年までには完了しないと考えられますので、本書では長短スプレッドが1〜1.5％の時代にすぐ戻るとは想定せず、図表2−3−2に示したように、2001年以後の中央値である0.75％を「金利のある世界」における長短スプレッドの大きさとして想定します。つまり、「長期金利＝短期金利＋0.75％」の水準で、短期金利の上昇に伴って長期金利が上昇するということです。

短期金利は2026年10〜12月期に2.75％まで上昇する想定でしたから、長期金利の到達点は3.5％（2.75％＋0.75％）となります。本書の以後の試算では、この長期金利を前提として使用します。

3　安定的な長期金利上昇に必要な「良好な経済見通し」「市場と当局の対話」

本書で想定する「金利のある世界」は、政策金利が中立金利に近づくにつれて長期金利も安定的に上昇していき「中立金利＋平均的なリスクプレミアム」である3.5％の水準に達する世界です。

しかし、これまでの日本の長期金利の動きを振り返ると、必ずしもそのように理論どおり推移してきたわけではありません。理論どおりに推移しなかった例として、①実体経済が十分に好転する前に利上げを始めた2006年〜2007年の例、②市場参加者が予想していないショックにより実体経済と乖離して金利が急上昇した例（1998年12月の運用部ショック、2003年6月のVaRショック）の2種類があります。

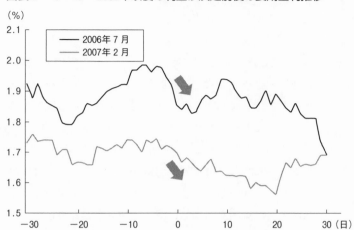

図表２－３－３　2000年以後の利上げ決定前後の長期金利推移

（出所）　LSEGより、みずほリサーチ＆テクノロジーズ作成。

①実体経済の好転前に利上げを始めた2006〜2007年の例

　図表２－３－３は、2006年７月、2007年２月に行われた、２回の利上げ前後の長期金利の推移を示しています。本節でこれまで説明してきた考え方では、短期金利が上昇すれば、10年間の平均的な短期金利も上昇し、長期金利は上昇するはずでした。

　しかし、実際には２度とも長期金利は低下しています。2006年７月の金融政策決定会合の議事要旨をみると、利上げに関して「今後ともゼロ金利を継続すれば、結果的に、将来、経済・物価が大きく変動する可能性がある」「経済が正常に戻りつつある過程で、異例のゼロ金利を続ける必要性は乏しい」等の考えが述べられています。足もとの経済の強さよりも、ゼロ金利は異例の政策であるため可能なタイミングが来たら解除しなければならないという思いが、利上げの背景にあったことがわかります。実際、市場参加者は、実体経済は利上げによって減速し、再びゼロ金利政策に戻ってしまう事態を予想したため、長期金利が低下したと考えられます。

②市場と当局の対話が損なわれた運用部ショックとVaRショックの例

　続いて②の例として示した、運用部ショック、VaRショックについて背景も含め解説します。

　「運用部」とは大蔵省資金運用部を指します[3]。1998年当時は郵便貯金や国民年金から資金運用部に資金を集め、政府系金融機関、地方自治体等に貸し付けることで運用をしていました。資金運用部に集められる資金よりもそれらの貸出額のほうが少なかったため、資金運用部は余裕資金で国債を購入していました[4]。しかし、制度変更により、郵便貯金や国民年金はそれぞれ自主的に運用をすることになり、財務省は国債発行による財源で財政投融資を行うこととなりました。1998年12月22日、翌年以後の資金運用部による国債購入停止を、当時の宮沢蔵相が明示的に認める発言をしたことで、金利が急騰したのが「運用部ショック」です。前後の長期金利の動きを図表2－3－4で示していますが、ショック当日の長期金利は前日比で0.28％Pt上昇し、国債はストップ安となりました。金利の値動きは当日をピークとして落ち着いていきますが、資金運用部の国債購入停止による需給の悪化は継続し、金利の水準は数カ月間高止まりしたままでした。

　次にVaRショックについて説明します。「VaR」とはValue at Riskの略称です。VaRは金融商品の値動きの大きさに基づいて算出するリスク量のことで、金融機関が自社のポートフォリオ全体のリスクをVaRに基づいて管理する手法が広がったことがショックの原因と考えられたことから「VaRショック」と呼ばれるようになりました。VaRに基づくリスク管理とは、たとえば、過去の値動きから考えられる一定期間中の最大損失額が100万円の商品Aおよび同200万円の商品Bとで運用をしている場合、ポートフォリオ全体のVaRを300万円とするというものです。VaRはリスク量の単純な合計では

3　なお、「資金運用部」というのは組織上の部署名ではありません。「資金運用部資金法」に基づく概念上の機関で、運用を担う実際の組織は大蔵省理財局でした。
4　財務省の発行する国債を財務省が購入するという不思議な状況ですが、上述のとおり、資金運用部の原資は年金や郵便貯金であり、政府のお金ではないため、このようなことが行われていました。

図表２－３－４　運用部ショック、VaRショック前後の長期金利

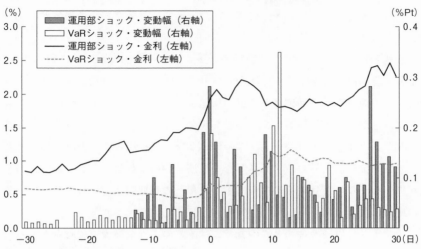

（注１）　変動幅＝日中高値－日中安値。
（注２）　運用部ショックは1998年12月22日、VaRショックは2003年６月19日を０とし、営業日ベースで前後30日を表示している。
（出所）　LSEGより、みずほリサーチ＆テクノロジーズ作成。

　なく、個々の金融商品の値動きの相関関係もふまえて計算されます。たとえば商品Ａと商品Ｂとが完全に逆の値動きをする商品であった場合、商品Ｂで200万円の損失が出るとき、商品Ａで100万円の利益が出ているはずですので、VaRは100万円と考えます。

　このように計算されたVaRを、経営状態に鑑みて所定の範囲に収まるように日々ポートフォリオを見直すことが、VaRに基づくリスク管理ということになります[5]。VaRは基本的には運用額が大きいほど、また、運用資産の過

5　本稿では詳細に立ち入りませんが、過去の値動きに基づいたシンプルなVaRの考え方では、これまで一度も起こったことのない市場の大変動に対応できないことや、統計的な計算が前提としているよりも現実には極端な値動き（テールリスク）が起こりやすいことなど、限界があります。それらに対応するために、テールリスクを想定したストレステストの実施など、VaR以外にもさまざまなリスク管理手法がとられるようになっています。

去の値動きが大きいほど大きくなりますから、もしVaRが基準を超過しそうになった場合は、運用資産を売却し、できるだけリスクの小さい資産に切り替える対応がとられます。

　個社の視点では合理的なこの行動を多くの市場参加者が同時に行うとき、金利の急騰につながります。何かサプライズが発生し、長期金利が変動すると、その値動きが長期国債のVaRに反映されます。VaRが基準値に達した投資家は、たとえば長期国債を売却して現金化することで、ポートフォリオのVaRを下げようとします。しかし、多くの投資家が同時にこの行動をとると、長期金利は上昇します。さらなる長期金利の上昇は、さらなるVaRの上昇につながり、より多くの投資家がより多くの長期国債を売却するという負の連鎖に至ります。

　2003年6月以後の金利上昇の背景には、このような投資家の行動があったと考えられており、「VaRショック」と呼ばれています。図表2－3－4では、最初に金利上昇があった2003年6月19日を0日目に設定していますが、その後も最も変動幅の大きかった2003年7月4日にかけて、変動幅が拡大していくような動きになっています。

　運用部ショック、VaRショックからは「政策当局者が意図していなくても、市場参加者に急な政策変更と受け止められるような情報発信は、市場の混乱を招くこと」「一度ショックが発生すると市場参加者間の相互作用で混乱が拡大する場合があること」がわかります。

　ここまで、①実体経済が弱く、長期金利が上昇しない場合、②金融市場に対するショックにより、実体経済から乖離して金利が上昇してしまう場合を振り返ってきました。これらのケースを避けるには、金融当局と市場参加者の間のていねいなコミュニケーションに基づいた政策運営が欠かせません。①を避けるために、実体経済への目配りを欠かさないことはいわずもがなですが、利上げを行う過程において、②のような市場の急激な変動が起きないよう、政策の予見可能性を高めるきめ細かな情報発信が日本銀行には求められます。

〈参考文献〉

齋藤通雄・服部孝洋（2023）「齋藤通雄氏に聞く、日本国債市場の制度改正と歴史（前編）」、財務省、ファイナンス、2023年10月号

日本銀行（2006）「政策委員会 金融政策決定会合 議事要旨」（2006年7月13日、14日開催分）

服部孝洋（2023）「VaRショックについて―2003年における金利急騰時のケース・スタディ―」、財務省、ファイナンス、2023年12月号

Cohen, H, Benjamin（2018）"Term premia: models and some stylized facts," *BIS Quarterly Review*, September 2018, 79-91.

第3章

実体経済シミュレーション

第2章では、「金利のある世界」が実現した場合に日本の政策金利や長期金利（10年国債利回り）がどこまで上昇するか、理論的背景もふまえて先行きのシミュレーションを行いました。その結果をもとに、第3章では「金利のある世界」によって日本の実体経済の各部門（企業、家計、財政）に生じる影響をシミュレーションします。

　第1節では、政策金利と長期金利の上昇を受けて、企業と家計が直面するさまざまな金利や為替レートがどのように変化するか試算します。こうした金融指標の動きを、続く第2節〜第4節における実体経済シミュレーションの想定として用います。

　第2節では、企業業績への影響を分析します。景気拡大による営業損益の変化、金利上昇による支払・受取利息の変化、為替レートの変動による輸出額や輸入コストの変化の3点に着目し、企業の利益にどのような影響が生じるか試算します。また、企業を産業別や規模別に分け、金利上昇に脆弱なセクターがあるか確認します。

　第3節では家計への影響として、住宅ローン金利の上昇による利払い負担増加のデメリットと、預金利息や配当といった金融資産所得増加のメリットを比較します。日本の家計全体への影響だけでなく、収入や年齢といった世帯の属性別にどれだけプラス・マイナスの影響が生じるかも試算します。

　第4節では財政への影響を取り上げます。「金利のある世界」では、景気拡大によって税収が増加する一方、金利上昇によって国債の利払費も増加します。それらを比較したうえで、先行きの財政収支や国債残高の推移についてシミュレーションを実施します。

第**1**節 実体経済シミュレーション
における金融指標の想定

　第1節では、「金利のある世界」が実現して日本の政策金利や長期金利が
上昇した場合に、企業や家計が直面するさまざまな金利がどこまで上がるか
試算します。また、国内の金利上昇により、為替市場でドル・円レートにど
のような影響が生じるか考察します。この節で試算する金利や為替レート
が、第2節〜第4節における企業、家計、財政のシミュレーションの前提に
なります。

1　企業業績に直接影響する有利子負債・資産利子率

　「金利のある世界」における企業業績へのインパクトを分析するうえでは、
企業がもつ有利子負債と有利子資産の利子率が、それぞれどこまで上がるか
想定する必要があります。政策金利や長期金利が上昇すると借入金や社債と
いった有利子負債の利子率が上昇し、支払利息が増加して企業の利益押下げ
要因になります。一方で、預金や貸出金、有価証券といった有利子資産の利
子率も上昇するため、受取利息が増加し、利益の押上げ要因になるでしょ
う。

　有利子負債・資産利子率は企業が保有するさまざまな負債・資産の利子率
を集約したものであり、「有利子負債利子率」「有利子資産利子率」といった
特定の指標が公表されているわけではありません。そこで、企業活動を把握
する統計である「法人企業統計調査（年次別調査、四半期別調査）」のデー
タを用いて、日本の企業部門全体を対象にした有利子負債・資産利子率を計
算しました[1]。それぞれの計算方法は次のとおりです。

- 有利子負債利子率＝支払利息等÷（短期・長期借入金＋社債＋受取手形割引残高の期首・期末平均）
- 有利子資産利子率＝受取利息等÷（現金・預金＋公社債＋長期貸付金＋株式）

　なお、有利子資産の計算に株式（資産の一部として保有する関係会社株式等）を加えているのは、使用した法人企業統計調査（四半期調査）の「受取利息等」のデータに受取配当金が含まれ、定義をあわせる必要があるためです。

　図表3－1－1（上図）は、有利子負債利子率と長期金利の推移を比較したものです。バブルが崩壊した1990年代以後、長期金利の趨勢的な低下に伴って、有利子負債利子率も低下傾向が続いたことが確認できます。長期金利、有利子負債利子率の過去の関係を統計的に分析したところ、長期金利が＋1％Pt上昇すると有利子負債利子率が＋0.8％Pt上昇する傾向があるとの結果が得られました。第2章で分析したように「金利のある世界」では長期金利が最終的に3.5％まで高まると想定されます。これは2022年度対比で＋3.2％Ptの上昇に相当します。したがって、上記の関係をふまえると、有利子負債利子率は2022年度対比＋2.6％Pt上昇し（＋3.2％Pt×0.8）、「金利のある世界」では3.6％になると試算できます。

　一方、有利子資産利子率と長期金利を比較した図表3－1－1（下図）では、1990年代から2000年代前半にかけて両者がともに低下していますが、2000年代後半以後は動きがやや乖離しています。長期金利は2010年代に一段

1　法人企業統計調査には年次別調査と四半期別調査の2種類があり、調査対象の範囲や項目が一部異なります。本節では原則として年次調査のデータを使用していますが、受取利息等のデータは四半期別調査でしか取得できないことから、受取利息に対応する有利子資産利子率を計算するためのデータには四半期別調査を用いました。なお、年次別調査では資本金1000万円未満の企業が調査対象に含まれますが、四半期別調査では調査対象に含まれないため、年次別調査のデータも資本金1000万円未満の企業を除いて再集計しました。また、金利上昇による利益への影響の現れ方は、金融業と非金融業とで大きく異なるため、本節では金融・保険業を除く産業を対象にしました。「金利のある世界」による金融機関への影響は第4章を参照してください。

図表 3 － 1 － 1　企業の有利子負債・資産利子率

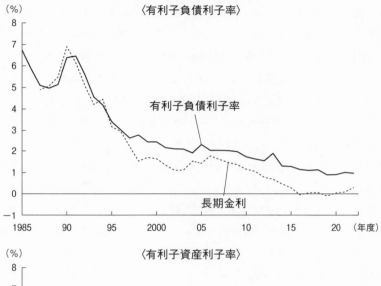

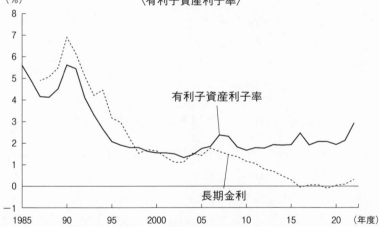

(注1)　資本金1000万円以上、除く金融・保険業。
(注2)　有利子負債利子率＝支払利息等÷（短期・長期借入金＋社債＋受取手形
　　　割引残高の期首・期末平均）。
(注3)　有利子資産利子率＝受取利息等÷（現金・預金＋公社債＋長期貸付金＋
　　　株式）。受取利息等は配当金を含む。
(注4)　長期金利は10年国債利回り。
(出所)　財務省「法人企業統計調査（年次別調査、四半期別調査）」より、みず
　　　ほリサーチ＆テクノロジーズ作成。

と低下しましたが、有利子資産利子率は2%前後でおおむね横ばい圏を維持しました。その一因と考えられるのは、有利子資産の一部に海外子会社を含む関係会社株式が計上されている点です。日本企業の海外進出に伴い、現地の子会社等からの配当金受取りが増加した結果、国内金利が低下しても企業の有利子資産利子率が低下しにくい構造が生じた可能性があります。こうした変化もふまえて推計すると、長期金利が今後＋1%Pt上昇しても、有利子資産利子率は＋0.5%Pt程度しか上昇しないと考えられます。「金利のある世界」で長期金利が3.5%（2022年度対比＋3.2%Pt）まで上昇すると、有利子資産利子率が4.4%に高まりますが、上昇幅は2022年度対比で＋1.5%Ptにとどまる計算です。

　このように「金利のある世界」が実現して長期金利が3.5%まで上昇した場合、水準でみれば有利子資産利子率（4.4%）が有利子負債利子率（3.6%）を上回りますが、上昇幅では有利子資産利子率（＋1.5%Pt）より有利子負債利子率（＋2.3%Pt）のほうが大きいと考えられます。こうした金利上昇幅の違いは、第2節で企業の金利上昇インパクトを試算するうえで重要な役割をもつことになります。

2　家計では住宅ローン金利と預金金利が上昇

　家計への金利インパクトを分析するうえで重要な金利は住宅ローン借入金利と預金金利です。住宅ローンは家計負債の大半を占めており、住宅ローン借入金利が上昇すると、住宅ローンをすでに借り入れている世帯の一部や今後住宅ローンを借り入れる世帯で利払い負担が増加します。他方で、家計の資産面では預金残高が1000兆円を超えており、預金金利が上昇すると利息収入が増加するメリットがあります。「金利のある世界」においてこれら二つの金利がそれぞれどこまで上昇するかが、家計への影響を決定づけるといっても過言ではないでしょう。

住宅ローン金利は、固定型が4.7%、変動型が3.1%に上昇

　住宅ローンには、借入れ時に金利が固定されて返済額がその後変わらない固定金利型ローンと、借入れ後も適用金利が変動して返済額が変わりうる変動金利型ローンがあります。

　まず、固定金利型ローンの指標として代表的な商品であるフラット35の借入金利に着目します。フラット35は住宅金融支援機構と民間金融機関が提携して提供する、最長35年の全期間固定型住宅ローンです。フラット35の借入金利の水準は提携する金融機関により異なりますが、ここでは過去にさかのぼってデータが取得可能な最低金利の水準を示しました。

　図表3－1－2をみると、フラット35の借入金利は長期金利（10年国債利回り）とおおむね連動して推移していることが確認できます。日本銀行のマ

図表3－1－2　家計の固定金利型住宅ローン借入金利

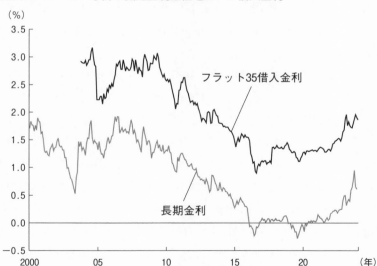

（注1）　フラット35は借入期間21年以上35年以下、融資率9割以下の最低金利。
（注2）　長期金利は10年国債利回り。
（出所）　住宅金融支援機構、日本相互証券株式会社より、みずほリサーチ＆テクノロジーズ作成。

イナス金利導入直前である2015年までを対象に推計したところ、長期金利＋1％Pt上昇に対しフラット35金利も＋1％Pt上昇する傾向があるとの結果が得られました。両者の水準にはおおむね1.2％Pt程度の差があり、この関係が今後も変わらないとすると、「金利のある世界」で長期金利が3.5％になれば、フラット35金利は4.7％まで上昇します。固定金利の上昇は、すでに住宅ローンを借り入れている世帯には影響しませんが、これから新たに借り入れる世帯では利払い負担の増加が生じることになります。

　一方、民間金融機関が提供する変動金利型ローンでは、基準となる金利から借入れ時の優遇幅を差し引いた値が実際の借入金利として設定されます。変動金利型ローンの基準金利は金融機関によって異なりますが、一般的には、金融機関が優良企業向けの短期貸出（1年未満の期間の貸出）に適用する最優遇金利である「短期プライムレート」に1％Pt上乗せした水準とすることが多いとされています。短期プライムレートはおおむね政策金利に沿って推移しており、主要都市銀行の現在の水準は1.475％です（本書執筆中の2024年4月時点）。日本銀行が2008年末に世界的な金融危機を受けて政策金利を引き下げてから、水準は一度も変わっていません（図表3－1－3）。したがって、短期プライムレートに連動する変動金利型ローンの基準金利も、1.475％に1％Pt上乗せした2.475％で据え置きとなっています。

　ただし、変動金利型ローンで家計が実際に借り入れる際の金利は、金融機関の競争によって優遇幅が拡大するに伴い、徐々に低下しています。優遇幅は金融機関によって異なりますが、主要都市銀行では優遇幅が2.1％Pt程度まで拡大しており、本書執筆中の2024年4月時点において主要都市銀行の変動金利型ローンの借入金利は最低で0.3％台となっています。

　今後「金利のある世界」で日本銀行が政策金利を引き上げると、それに伴って短期プライムレートが上昇し、変動金利型ローンの基準金利が上昇するでしょう。その際、各金融機関の優遇幅が変化しないと仮定すると、家計が実際に借り入れる金利も政策金利に連動して上昇すると考えられます。「金利のある世界」では政策金利が最終的に2.75％に達すると想定されるこ

図表 3 - 1 - 3　家計の変動金利型住宅ローン借入金利

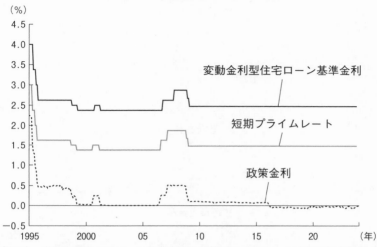

（注1）　変動金利型住宅ローン基準金利と短期プライムレートは主要都市銀行の値。
（注2）　政策金利は無担保コール翌日物金利。
（出所）　日本銀行より、みずほリサーチ&テクノロジーズ作成。

とから、優遇幅適用後の変動金利は3.1%程度に上昇する見込みです。変動金利の上昇は、今後新たに住宅ローンを借り入れる世帯だけでなく、すでに借り入れている世帯にも利払い負担増加による影響を及ぼします。

預金金利は普通預金が0.4%、定期預金（10年）が2.5%に上昇

　預金には、大きく分けて普通預金と定期預金があり、金利の動きも両者で大きく異なります。

　まず、普通預金の預入金利についてみましょう。かつての規制金利時代、預金金利は日本銀行の公定歩合に連動して各銀行横並びで設定されていましたが、1994年10月に普通預金金利が自由化されて以後は、各銀行が自由に金利水準を設定できるようになりました。

　とはいえ、図表3-1-4をみると、自由化後も普通預金金利の水準はおおむね政策金利に沿っていることが確認できます。2000年、2006～2007年の

図表3－1－4　家計の普通預金金利

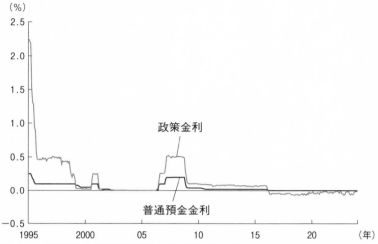

（注1）　普通預金金利は店頭表示金利の平均年利率。
（注2）　政策金利は無担保コール翌日物金利。
（出所）　日本銀行より、みずほリサーチ＆テクノロジーズ作成。

利上げ局面では、政策金利の引上げに伴って普通預金金利も小幅に上昇しましたが、その後利下げに転じるとともに、普通預金金利も再び低下しました。さらに、2016年に日本銀行がマイナス金利政策を導入すると、普通預金金利は2006年以来となる0.001％に低下し、ほぼ利息が付かない状態になりました。2024年3月には、マイナス金利政策の解除に伴い預金金利が0.02％に引き上げられています。

　金利自由化以後の普通預金金利と政策金利のデータをもとに推計したところ、政策金利が＋1％Pt上昇すると普通預金金利が＋0.15％Pt程度上昇する傾向があることが確認できました。この関係をふまえると「金利のある世界」で政策金利が最終的に2.75％まで引き上げられれば、普通預金金利は0.4％程度まで上昇する計算になります。銀行の普通預金に100万円預けた場合、マイナス金利解除前の金利水準0.001％では年間10円の利息しか得られませんでしたが、金利水準0.4％では年間4000円の利息が付くことになりま

図表 3 − 1 − 5　家計の定期預金金利

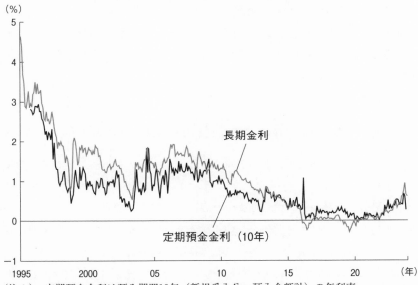

（注 1）　定期預金金利は預入期間10年（新規受入分、預入金額計）の年利率。
（注 2）　長期金利は10年国債利回り。
（出所）　日本銀行、日本相互証券株式会社より、みずほリサーチ＆テクノロジーズ作成。

す。

　定期預金の預入金利は預入期間・金額によってさまざまな種類があります
が、ここでは預入期間10年、全預入金額計（総合）の新規受入分に関する金
利データを用いました。図表 3 − 1 − 5 をみると、定期預金金利は長期金利
（10年国債利回り）におおむね連動していることが確認できます。長期金利
が2000年代半ば以後に低下するとともに、定期預金金利も徐々に水準を下
げ、コロナ禍初期の2020年 5 月には過去最低水準である0.018％を記録しま
した。一方、2022年に長期金利が緩やかな上昇傾向に転じた後は、定期預金
金利も再び上昇しています。

　両者のデータをもとに推計すると、長期金利＋1.0％Pt上昇で定期預金金
利が＋0.7％Pt上昇する傾向があります。この関係をふまえると「金利のあ

る世界」で長期金利が3.5％に上昇した場合、定期預金金利は2.5％まで上昇します。定期預金金利が過去最低水準（0.018％）のときには、100万円預け入れても年間180円の利息しか得られませんでしたが、定期預金金利が2.5％になると年間2万5000円の利息が付くことになります。これは家計にとって大きな変化でしょう。

3　日本の金利上昇により為替市場では円高が進展

　最後に「金利のある世界」の実現によるドル・円レートへの影響について考察します。

　そもそも、為替レートはどのような要因で決まるのでしょうか。為替レートの変動についてはさまざまな説明が試みられており、代表的なものだけでも、2国間の通貨の購買力の違い（物価格差）に着目した「購買力平価説」、一定期間における輸出・輸入の貿易取引や、直接投資等の資本取引、為替介入等で生じる通貨の需給に着目した「フロー・アプローチ」、2国間の金利水準の違いによる収益性の差に着目した「金利平価説」等があります。そのほか、政治的リスク、日々公表される経済指標、市場参加者の思惑・期待といった要素も影響するため、為替レートの変動を単一の考え方で完全に説明することはできないというのが実情です。

　このように、ドル・円レートへの影響を分析するうえでは多種多様な要因を考慮する必要がありますが、実務的に最も注目されているのは2国間の金利差です。資金は（他の条件が同じであれば）収益性が低いところから高いところに流れるものであり、その結果として、金利が高い通貨は買われやすく、金利が低い通貨は売られやすい傾向があるためです。

　実際、ドル・円レートと5年国債の日米金利差を比較すると、おおむね連動していることが確認できます（図表3-1-6）。2022年春以後、米国の急速な利上げを受けて日米金利差が拡大し、それにあわせてドル・円レートは115円前後から150円近傍に円安が進みました。両者の過去のデータをふま

図表 3 － 1 － 6　ドル・円レートと日米金利差

（注）　日米金利差＝米国 5 年国債利回り － 日本 5 年国債利回り。
（出所）　LSEGより、みずほリサーチ＆テクノロジーズ作成。

えると、日米金利差の 1 ％Pt変動によりドル・円レートが14円程度変動する関係があります。今後「金利のある世界」が実現し、日本の 5 年国債利回りが＋2.5％Pt程度上昇するとの想定のもとでは、ドル・円レートには約35円の円高圧力が加わる計算になります（米国側の 5 年国債利回りは変化しないと想定）。2022年春以後に進んだ円安が、ちょうど逆転するほどのインパクトがあるといえるでしょう。

　ここまで、企業の有利子負債・資産利子率、家計の住宅ローン金利と預金金利、そしてドル・円レートが「金利のある世界」でどのように動くか分析しました。その結果を用いて、第 2 節〜第 4 節で企業、家計、財政のシミュレーションを行います。

第 2 節 企業利益への影響

第1節では、「金利のある世界」が実現すると日本の企業や家計が直面する金利がどこまで上がるのか、過去の利上げ局面における金利の推移もふまえて分析しました。また、為替市場では、国内金利の上昇に伴ってドル・円レートに円高・ドル安圧力が加わることを確認しました。第2節では、こうした経済・金融環境の変化によって、日本企業の利益にどの程度のプラス・マイナス効果が生じるか試算しましょう。

1 「金利のある世界」が企業の利益に影響を及ぼす三つの経路

ここでは企業の利益の指標として、経常利益に着目します。経常利益は、売上高から売上原価、販売費および一般管理費（販管費）を差し引いた営業利益に、支払利息等の営業外費用、受取利息等の営業外収益を考慮して計算します（図表3－2－1）。「金利のある世界」における企業の経営状況を総合的に把握するうえで、経常利益は適切な指標といえるでしょう。

「金利のある世界」が実現すると、次の三つの経路で企業の経常利益に影響が生じると考えられます（図表3－2－2）。

経路①：景気拡大による営業損益の変化

第一の経路は景気拡大による営業損益の変化です。「金利のある世界」では、日本経済が潜在成長率の上昇を伴いながら拡大を続けるなかで、物価が持続的・安定的に上昇することを前提としています。経済成長率が高まることで国内売上高の伸びが加速し、営業損益のプラス要因になるでしょう。企業の売上高変化率は、物価変動を含む名目ベースの国内総生産（GDP）成

図表3－2－1　企業のさまざまな利益指標

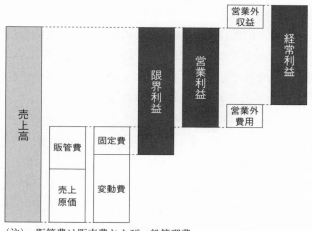

（注）　販管費は販売費および一般管理費。
（出所）　みずほリサーチ＆テクノロジーズ作成。

図表3－2－2　「金利のある世界」が企業の利益に影響する経路

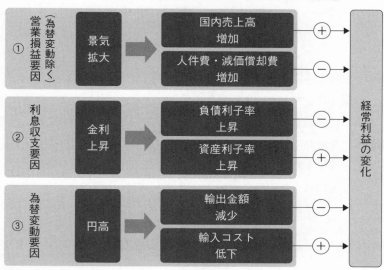

（出所）　みずほリサーチ＆テクノロジーズ作成。

長率に比べ、プラス・マイナス両面で変動幅が大きくなる傾向があります。本書では「金利のある世界」で名目GDP成長率が前年比＋2.3％に加速すると想定しており、名目GDP成長率と売上高変化率の過去の関係をもとに、企業の売上高変化率が前年比＋4.3％に高まるとの前提を置きました。

　一方、景気拡大に伴って賃金の上昇や設備投資の増加が生じるため、費用面では人件費や減価償却費の増加が営業利益の圧迫要因になります。ただ、高齢者や女性の労働参加がいま以上に進むとしても、人口減少によって就業者数の伸びは2010年代のアベノミクス期を下回るとみられ、人件費の増加ペースは前年比＋3.5％程度にとどまると考えられます。減価償却費についても、設備投資額が今後前年比＋4％程度で増えていくと想定すると、過去の設備投資と減価償却費との関係から、減価償却費は前年比＋3％台半ばの伸びになると計算できます[1]。このように考えると、「金利のある世界」では売上高の増加ペースに比べて費用の増加ペースが緩やかになり、営業損益の面では差引きでプラスに働く可能性が高いでしょう。

　なお、為替レートの変動も輸出入を通じて営業損益に影響しますが、要因を区別するため、為替変動の影響はこの後の「第三の経路」として別建てにしました。

経路②：金利上昇による利息収支の変化

　第二の経路は金利上昇による利息収支の変化です。金利が上昇すると企業の有利子負債の利子率が高まって借入金や社債の支払利息が増加し、営業外費用の拡大を通じて経常利益の下振れ要因になります。一方で有利子資産の利子率も上昇するため、受取利息の増加が営業外収益の拡大を通じて経常利益の上振れ要因になります。

1　なお、売上原価と販売費および一般管理費の合計（営業費用）から、固定費に相当する人件費・減価償却費を差し引いた変動費は、「金利のある世界」において売上高と同じ変化率（前年比＋4.3％）になると想定しました。実際、日本全体の企業活動を把握する統計である財務省「法人企業統計調査（年次別調査）」のデータ（資本金1000万円以上、除く金融・保険業）で売上高と変動費を計算すると、両者の過去の変化率はほぼ一致します。

下振れ・上振れどちらの要因が大きいかは、負債・資産利子率それぞれの上昇幅と、企業の有利子負債・資産残高のバランスによって決まります。

　負債・資産利子率については第１節で分析したとおり、「金利のある世界」が実現すると負債利子率が3.6％（2022年度対比＋2.6％Pt）、資産利子率が4.4％（2022年度対比＋1.4％Pt）に上昇すると想定しました（図表３－２－３）。上昇後の水準は資産利子率のほうが高くなりますが、上昇幅は負債利子率のほうが大きくなります。これは、資産利子率に比べて負債利子率のほうが長期金利上昇の影響を大きく受けることが原因です。

　他方で、企業の有利子負債・資産残高のバランスをみると2022年度時点で

図表３－２－３　企業の有利子負債・資産利子率

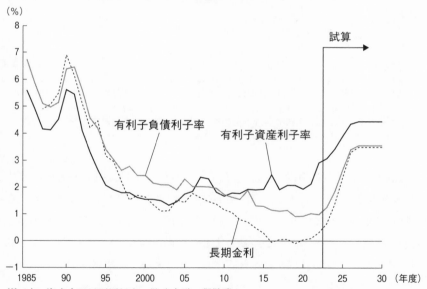

（注１）　資本金1000万円以上、除く金融・保険業。
（注２）　有利子負債利子率＝支払利息等÷（短期・長期借入金＋社債＋受取手形割引残高の期首・期末平均）。
（注３）　有利子資産利子率＝受取利息等÷（現金・預金＋公社債＋長期貸付金＋株式）。受取利息等は受取配当金を含む。
（出所）　財務省「法人企業統計調査（年次別、四半期別）」「国債金利情報」より、みずほリサーチ＆テクノロジーズ作成。

図表 3 − 2 − 4 　企業の有利子負債・資産残高

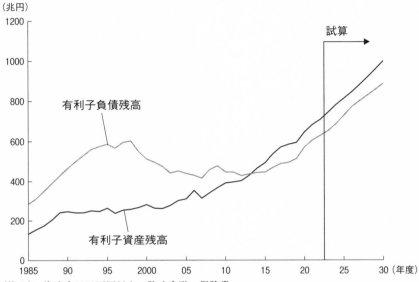

（注1）　資本金1000万円以上、除く金融・保険業。
（注2）　有利子負債残高＝短期・長期借入金＋社債＋受取手形割引残高の期首・期末平均。
（注3）　有利子資産残高＝現金・預金＋公社債＋長期貸付金＋株式。
（出所）　財務省「法人企業統計調査（年次別、四半期別）」より、みずほリサーチ＆テク
　　　　　ノロジーズ作成。

は有利子資産残高が701兆円と、有利子負債残高の628兆円を上回っています
（図表 3 − 2 − 4 ）。日本企業は歴史的に有利子負債残高が有利子資産残高を
上回る状態が続いていましたが、1990年代末以後に企業が過剰債務の返済を
進めたことで、両者の関係が逆転しました。先行きも有利子資産残高が有利
子負債残高を上回る状況が続くと想定し、経常利益への影響を試算します。

経路③：為替変動

　第三の経路は為替変動による影響です。第 1 節では、日本の金利上昇によ
る日米金利差の縮小を受け、ドル・円レートに約35円／ドルの円高・ドル安
圧力が生じると試算しました。一般的に円高が進むと、輸出企業では輸出額
の減少によって利益が下押しされる一方、輸入企業では輸入コストが低下し

て利益が押し上げられます[2]。

　為替変動による影響を試算するうえでは、ドル・円レートの変化によって輸出入がどれくらい変化すると見積もるかが重要になります。ここでは、内閣府が作成したマクロ経済モデルのシミュレーション結果（酒巻ほか（2022））を参考に、ドル円レートが10%円高になると輸出額が▲5.8%減少、輸入コストが▲4.0%低下するという関係を用いました。今後、金利上昇に伴って24.5%の円高・ドル安が発生すると想定した場合（金利上昇前のドル円レートを2023年度：143円／ドルとすると、35円／ドルの円高・ドル安は24.5%に相当）、輸出額が▲14.1%減少、輸入コストが▲9.7%低下する計算です。

2　「金利のある世界」における経常利益の試算結果

　これら経路①〜③の想定（図表3−2−5）をもとに「金利のある世界」が到来することによる企業の経常利益に対する影響を試算します。図表3−2−6は、2023〜2027年度における経常利益の5年間累積変化率（2027年度の経常利益÷2022年度の経常利益−1）を、①営業損益要因、②利息収支要因、③為替変動要因、それぞれの寄与度に分解して示したものです。

営業損益要因は経常利益を大幅に押上げ

　まず、①営業損益要因をみましょう。ここでは営業損益の変化を、売上高から変動費を引いた限界利益と、固定費に相当する人件費・減価償却費に分けて示しています[3]。限界利益は、景気拡大による売上高の増加を受けて2023〜2027年度の5年間累積で+24.4%増加し、同期間の経常利益を

2　その他の影響として、円高が進むと海外直接投資収益の円換算額が目減りし、営業外収益の減少を通じて経常利益を下押しすると考えられますが、本節の試算では考慮していません。こうした海外直接投資収益に関する影響については諏訪（2022）を参照してください。

3　限界利益と営業利益、経常利益の関係については図表3−2−1を参照してください。

図表3−2−5 「金利のある世界」の想定

指標		「金利のある世界」の想定
①営業損益要因	売上高	前年比＋4.3%
	人件費	前年比＋3.5%
	減価償却費	前年比＋3％台半ば
②利息収支要因	負債利子率	2026年度末時点：3.6% （＋2.6%Pt上昇）
	資産利子率	2026年度末時点：4.4% （＋1.5%Pt上昇）
③為替変動要因	ドル円レート	35円／ドルの円高・ドル安

（出所） みずほリサーチ＆テクノロジーズ作成。

図表3−2−6 「金利のある世界」の経常利益への影響

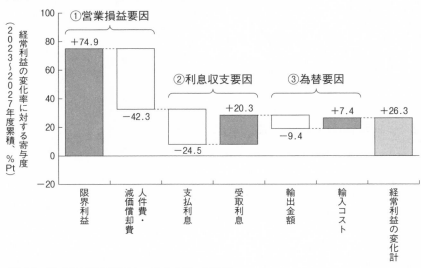

（注1） 資本金1000万円以上、除く金融・保険業。
（注2） 限界利益＝売上高−変動費。
（注3） 変動費＝売上原価＋販売費および一般管理費−人件費・減価償却費。
（出所） 財務省「法人企業統計調査（年次別、四半期別）」より、みずほリサーチ＆テクノロジーズ作成。

＋74.9％Pt押し上げると試算できます。

　一方、費用面では、人件費・減価償却費の５年間累積変化率が＋17.8％に
とどまり、同期間の経常利益に対する寄与度は▲42.3％Ptと、限界利益の寄
与度のプラス幅を下回ります。したがって①営業損益要因全体では、経常利
益の５年間累積変化率に対する寄与度が＋32.6％Pt（74.9％Pt－42.3％Pt）
と、大幅なプラスになるとの結果が得られました。

利息収支の悪化が経常利益を小幅に押下げ

　次に、金利上昇による直接的なインパクトが現れる②利息収支要因につい
て、支払利息、受取利息それぞれの動きを確認します。

　支払利息は2022年度の6.1兆円から2027年度には28.5兆円と、５年間で約
22兆円増える試算結果になりました。2023～2027年度の５年間累積変化率は
＋364.1％と大幅な伸びであり、同期間の経常利益を▲24.5％Pt押し下げる
要因になります。企業にとって、金利上昇による影響がいかに大きいかがわ
かるでしょう。

　一方、受取利息は、2022年度の20.6兆円から2027年には39.1兆円と、約18
兆円増加する見込みです。2023～2027年度の５年間累積変化率は＋89.4％
（経常利益の５年間累積変化率に対する寄与度：＋20.3％Pt）と大幅な増加
ではあるものの、支払利息の増加幅（約22兆円）は下回るとみられます。先
述したとおり、有利子資産利子率の上昇ペースが有利子負債利子率の上昇
ペースに比べて緩やかなものになることが影響しています。

　受取利息の増加幅が支払利息の増加幅を下回る結果、受取利息と支払利息
の差である利息収支は、2022年度の14.5兆円から2027年度に10.6兆円へと縮
小します。これは、営業外損益の悪化を通じて、2023～2027年度の５年間累
積で経常利益を▲4.3％Pt押し下げる要因になります。金利上昇そのものは、
企業の利益にとって小幅なマイナスの影響があるといえそうです。

　なお、試算では、企業の借入金利タイプや債務期間構造は考慮していませ
ん。実際には、金利上昇の影響が生じるタイミングは、借入れが変動金利タ
イプか固定金利タイプか、借入れや社債の満期がいつ到来するか等に左右さ

れます。企業の有利子負債の一部が固定金利タイプの借入れや満期の長い社債であることを考慮すると、現実の支払利息の増加ペースは、試算結果に比べてやや緩やかになる可能性があります。

円高も経常利益の小幅マイナス要因

　最後に、③為替変動要因の影響を輸出額の減少と輸入コストの低下に分けて確認しましょう。円高による輸出額の減少は2023〜2027年度の5年間で▲8.5兆円にのぼり、同期間の経常利益を▲9.4％Pt下押しするインパクトがあります。一方で、輸入コストの低下による経常利益の押上げ効果は＋6.8兆円（経常利益の5年間累積変化率に対する寄与度：＋7.4％Pt）と計算できます。

　円高による経常利益への影響は、輸出額減少によるマイナス効果と輸入コストの低下によるプラス効果との差引きで▲1.8兆円（経常利益の5年間累積変化率に対する寄与度：▲2.0％Pt）になる見込みです。総じてみれば、円高は金利上昇と同じく、企業の利益にとって小幅なマイナスの影響があるといえるでしょう。

　①営業損益要因、②利息収支要因、③為替変動要因をあわせると、①営業損益要因のプラス効果の一部が②利息収支要因と③為替変動要因のマイナス効果によって相殺されるかたちになります。全体としては、「金利のある世界」が実現すると2023〜2027年度における経常利益の5年間累積変化率が＋26.3％（1年当り＋4.8％）と、利益が緩やかに拡大していくとの試算結果になりました。金利上昇そのものは企業利益のマイナス要因ですが、その背後にある経済成長も含めると、「金利のある世界」の実現は企業にとって望ましいものといえるでしょう。

3　産業別・規模別にみた「金利のある世界」の影響の違い

企業の属性によって大きく異なる「金利のある世界」の影響

　このように、企業部門を全体としてみると「金利のある世界」の実現は利

益にプラス効果があると考えられます。しかし、個々の企業すべてで同様の効果が生じるとは限りません。たとえば業種や規模といった企業の属性によって変動費・固定費等の費用構造、有利子負債・資産残高のバランス、輸出入額の規模には大きな違いがあります。すると、「金利のある世界」における経常利益への影響の現れ方も企業によって異なると考えるのが自然でしょう。

　こうした企業の属性による影響の違いを把握するため、「金利のある世界」の実現による経常利益への影響を、産業別・規模別に試算しました。なお、①営業損益要因、②利息収支要因、③為替変動要因の想定（図表3－2－5）は、すべての産業・規模で同一としました[4]。したがって産業別・規模別の試算結果は、現時点における企業の収益・費用、バランスシート、貿易額の違いを反映したものになります。

金利上昇のデメリットは負債規模が相対的に大きい産業で出やすい傾向

　図表3－2－7は産業別の試算結果をまとめたものです。まず目を引くのは、非製造業の物品賃貸、電力・ガス、宿泊・飲食、農林水産、不動産や、製造業の石油・石炭製品、紙製品といった産業を中心に、②利息収支要因が経常利益を大幅に押し下げる点です。特に物品賃貸、電力・ガス、不動産では、②利息収支要因による利益押下げ圧力を他の要因でカバーできず、経常利益への影響が全体としてマイナスになっています。

　これらの産業はバランスシートの構造上、有利子資産に比べて有利子負債の規模が相対的に大きい特徴があります。有利子資産残高に対する有利子負債残高の倍率（2022年度）をみると、物品賃貸：3.7倍、宿泊・飲食：2.9倍、農林水産：2.4倍、石油・石炭製品：2.1倍、電力・ガス：1.9倍、不動産：1.9倍、紙製品：1.5倍と、全産業計の0.9倍を大きく上回っています。

4　②利息収支要因の負債・資産利子率は、水準ではなく上昇幅を各産業・規模で共通としました。また、試算のもとになる財務指標は原則として2022年度のデータを用いましたが、一部の産業（電力・ガス、宿泊・飲食、生活関連・娯楽）では2022年度時点で新型コロナウイルス感染症や商品価格高騰といった一時的な影響が残存していたと考えられることから、損益計算書に関するデータのみ2018年度時点のものを用いました。

図表３－２－７　「金利のある世界」の経常利益への影響（産業別）

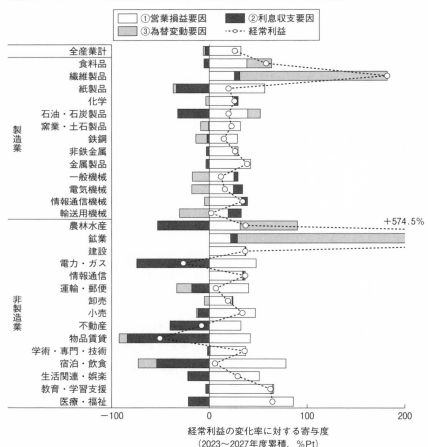

凡例：
①営業損益要因（白）　②利息収支要因（黒）
③為替変動要因（灰）　経常利益（点線○）

経常利益の変化率に対する寄与度
（2023〜2027年度累積、％Pt）

（注）　資本金1000万円以上、除く金融・保険業。
（出所）　財務省「法人企業統計調査（年次別、四半期別）」、経済産業省「延長産業連関表」より、みずほリサーチ＆テクノロジーズ作成。

こうした産業では、金利上昇局面において支払利息の増加幅が受取利息に比べて大きくなりやすく、財務構造が金利上昇に対して脆弱であるといえるでしょう。

　他方で、少数ですが、②利息収支要因が経常利益を押し上げる産業もあり

ます。製造業の輸送用機械、電気機械、情報通信機械や、非製造業の鉱業が
その代表例です。これらの産業は先ほどとは逆に、有利子資産残高に対する
有利子負債残高の倍率（2022年度）が0.4～0.5倍と低く、金利上昇局面にお
いて金利負担が相対的に増えにくい財務構造になっています。

　ただし、注意が必要なのは、試算では有利子資産の個別項目まで考慮して
いない点です。法人企業統計調査（四半期別調査）で輸送用機械、電気機
械、情報通信機械、鉱業のバランスシートをみると、有利子資産残高に占め
る「投資その他の資産」の「株式」のシェアが高いことが確認できます。こ
の項目には海外子会社等の関係会社株式も含まれており、「金利のある世界」
が実現して日本の金利が上昇した場合に、この項目の資産から得られる受取
利息（含む受取配当金）が必ずしも試算の想定どおりに増加するとは限りま
せん。金利上昇の影響をより厳密に分析する際には、こうしたバランスシー
トの細目をどのように評価するか検討する必要があるでしょう。

円高の影響は輸出産業・輸入産業で二極化

　次に、③為替変動要因の産業別影響についてみましょう。③為替変動要因
が経常利益を押し下げる代表的な産業として、製造業の輸送用機械、電気機
械、一般機械や、非製造業の宿泊・飲食、運輸・郵便があげられます。これ
らの産業は、経常利益の規模に対して純輸出（輸出額－輸入額）のプラス幅
が大きい傾向があり、円高による輸出額減少のデメリットを受けやすい輸出
依存型の事業構造であるといえます。非製造業であっても、インバウンド関
連で訪日外国人旅行者向けのサービス提供が多い宿泊・飲食や、水運業を中
心として海外事業者向けにも輸送サービスを提供している運輸・郵便は、
サービス輸出というかたちで輸出への依存度が高い産業です。

　逆に、③為替変動要因が経常利益を押し上げる産業には、非製造業の鉱
業、農林水産や、製造業の繊維製品、食料品、石油・石炭製品があります。
これらはいずれも、経常利益の規模に対して純輸出（輸出額－輸入額）のマ
イナス幅が大きい輸入型の事業構造をもっています。特に、鉱業（エネル
ギー関連）や繊維製品（アパレル関連）は利益に対する輸入の規模が非常に

大きく、輸入コストの減少による経常利益の押上げ効果が突出していることが確認できます。

　なお、為替変動による経常利益への影響については、輸出・輸入が発生する産業への直接的な影響のみ試算の対象としています。実際には、直接的な影響だけでなく生産・価格面で他産業への間接的な影響が生じる可能性があるため、試算結果は幅をもってみる必要があります[5]。たとえば輸出の場合、円高による輸出額の減少をきっかけに輸出産業の生産が落ち込むと、部品や原材料への需要減少を通じて、川上分野の産業の生産を押し下げる効果が生じます。具体的には、輸送用機械の生産が減少すると原材料を製造する鉄鋼や非鉄金属等の産業でも生産が一部減少するでしょう。また輸入の場合は、円高による輸入コストの低下が輸入産業の利益改善要因になりますが、輸入産業が製品の価格を値下げすると川下分野の産業にもコスト低下の恩恵が波及します。図表３－２－７では鉱業で大きな円高メリットが生じると試算しましたが、現実には、そうした輸入コスト低下によるメリットの一部は、鉱業製品を原材料として使用する電力・ガスや石油・石炭製品、鉄鋼、非鉄金属等の産業で現れると考えられます。

売上増による営業利益の増加は、労働集約的産業で発生しやすい

　図表３－２－７では、①営業損益要因がすべての産業で経常利益に対しプラスになっています。これは、すべての産業に共通して、売上高の伸びが固定費（人件費・減価償却費）の伸びを上回る想定を置いたことが背景にあります。

　ただし、①営業損益要因のプラス幅の大きさは産業によって異なります。プラス幅が特に大きいのは、非製造業の医療・福祉、宿泊・飲食、教育・学習支援であり、これらの産業は営業レバレッジが大きい傾向があります[6]。営業レバレッジは、限界利益（営業利益＋固定費）を営業利益（売上高－変動費－固定費）で割った指標です。営業レバレッジが大きい産業ほど営業利

5　こうした間接的な影響を試算するには、価格面の波及効果の現れ方に関する仮定をおく必要があります。詳細は山本ほか（2013）を参照してください。

益に対する固定費の比率が高く、売上高の変動に対して営業利益の変動が大きくなります。実際、法人企業統計調査から計算した営業レバレッジ（2022年度）は、医療・福祉：20.2倍、教育・学習支援：11.4倍、宿泊・飲食：10.2倍と、全産業計の4.4倍を大幅に上回っています。これらの産業は一般的に労働集約的であることから固定費の一部である人件費が多く、売上高の増加によって営業利益が増えやすい傾向があるといえるでしょう[7]。

企業規模別では、中小企業ほど金利上昇のデメリットが生じやすい傾向

　ここまで「金利のある世界」の実現による企業利益への影響を産業別にみてきましたが、同じ産業でも大企業や中小企業といった企業の規模によって影響の現れ方が変わる可能性もあります。そこで図表３−２−８では、資本金の規模別に、10億円以上を大企業、１億円以上10億円未満を中堅企業、1000万円以上１億円未満を中小企業と簡易的に分類して、産業別×規模別に試算が可能な①営業損益要因と②利息収支要因による経常利益への影響を示しました[8]。ここでは特に、金利上昇による直接的な影響である②利息収支要因に着目して解説します。

　まず全産業計についてみると、大企業では利息収支の変化による経常利益への影響（2023〜2027年度の５年間累積変化率に対する寄与度）が＋0.1％Ptと、小幅ながらプラスになりました。これは、金利上昇による受取利息の増

6　厳密には、2023〜2027年度における経常利益の５年間累積変化率に対する①営業損益要因の寄与度は、「2022年度の営業利益／経常利益比率×（2022年度の営業レバレッジ×（限界利益の５年間累積変化率−固定費の５年間累積変化率）＋固定費の５年間累積変化率）」で計算できます。したがって、営業レバレッジが高くても、営業利益／経常利益比率が低い産業では、①営業損益要因のプラス幅が小さくなる点に注意してください。営業利益／経常利益比率を決めるのは営業外損益の規模であり、支払利息に対し受取利息や受取配当金が多い（営業外損益のプラスが大きい）産業では、営業利益／経常利益比率が低くなります。

7　ただし、人件費をすべて固定費に分類すべきかどうかは議論があります。一般的に従業員の解雇や基本給の引下げが困難であることから人件費は固定費的側面をもつとされますが、売上高が増加する局面では、残業代や賞与の増加、業容拡大に応じた新規採用により、人件費が変動費的側面をもちます。営業レバレッジを用いて厳密な分析を行う際には、こうした人件費の変動費的側面も考慮する必要があるでしょう。

8　企業規模の分類にはさまざまな定義があり、この分類はあくまで簡易的なものである点に注意してください。

図表３－２－８　「金利のある世界」の経常利益への影響（産業別×規模別）

		①営業損益要因				②利息収支要因			
		全規模	大企業	中堅企業	中小企業	全規模	大企業	中堅企業	中小企業
	全産業	32.6	24.8	39.3	51.0	−4.3	0.1	−5.1	−17.1
製造業	食料品	38.7	26.8	41.9	69.2	−5.6	6.6	−4.7	−41.4
	繊維製品	25.9	15.6	39.4	92.9	5.5	15.6	−4.9	−63.5
	紙製品	57.1	38.8	56.2	84.8	−34.0	−20.6	−24.8	−62.8
	化学	25.4	23.2	38.0	47.2	4.3	5.8	−7.4	−3.5
	石油・石炭製品	39.6	36.9	47.7	45.0	−32.6	−38.6	−28.3	3.0
	窯業・土石製品	32.0	23.7	37.7	57.2	−0.7	4.8	−6.7	−13.7
	鉄鋼	29.0	26.1	38.3	46.5	−2.5	−2.5	8.6	−13.8
	非鉄金属	26.3	23.3	32.1	40.9	−3.2	−1.5	−7.6	−8.9
	金属製品	42.5	33.5	40.0	48.9	−2.7	10.7	0.3	−11.8
	一般機械	25.3	21.1	33.6	40.3	4.2	6.7	0.9	−5.7
	電気機械	24.7	20.9	55.8	64.5	9.5	10.7	0.1	−4.0
	情報通信機械	33.1	29.4	39.6	59.3	6.1	10.9	−3.7	−24.3
	輸送用機械	19.4	17.0	41.4	65.4	13.4	15.4	−6.5	−22.1
非製造業	農林水産	31.7	65.5	46.7	25.0	−53.4	0.5	−28.6	−64.3
	鉱業	21.9	20.7	29.6	63.3	6.9	7.5	5.6	−15.9
	建設	36.7	32.5	31.4	40.8	0.2	6.2	3.2	−4.2
	電力・ガス	48.1	49.9	38.9	36.9	−74.5	−78.2	−61.6	−39.6
	情報通信	34.2	28.8	45.8	55.7	1.5	−1.3	8.1	11.3
	運輸・郵便	40.4	27.5	58.1	77.7	−18.2	−17.4	−25.9	−17.4
	卸売	23.3	9.8	32.2	39.2	1.0	6.8	−1.1	−6.8
	小売	47.3	35.6	42.3	72.1	−11.9	−1.5	−4.9	−36.4
	不動産	32.5	28.5	34.0	37.1	−40.6	−32.9	−34.5	−55.8
	物品賃貸	42.1	34.5	52.1	54.6	−84.6	−110.3	−72.1	−23.5
	学術・専門・技術	37.4	32.7	32.4	69.2	−1.9	−2.9	4.5	−6.4
	宿泊・飲食	79.0	59.9	84.4	84.4	−54.2	−4.8	−31.9	−77.6
	生活関連・娯楽	51.4	39.9	49.6	59.0	−22.0	−9.0	−14.6	−33.0
	教育・学習支援	64.9	44.3	64.2	76.8	−3.7	6.3	7.0	−12.2
	医療・福祉	86.6	40.6	150.3	92.3	−21.7	1.8	−24.0	−37.4

（注１）　資本金1000万円以上、除く金融・保険業。
（注２）　大企業は資本金10億円以上、中堅企業は1億円以上10億円未満、中小企業は1000万円以上
　　　　　1億円未満と定義。
（出所）　財務省「法人企業統計調査（年次別、四半期別）」より、みずほリサーチ＆テクノロジー
　　　　　ズ作成。

分が支払利息の増分を上回るためです。一方、中堅企業では同▲5.1％Ptとマイナスに転じ、中小企業では同▲17.1％Ptとさらにマイナス幅が大きくなっています。有利子資産残高に対する有利子負債残高の倍率（2022年度）をみると、大企業では0.8倍であるのに対し、中堅企業：0.9倍、中小企業：1.1倍と、企業規模が小さくなるほど負債が相対的に大きくなる傾向があります。総じてみれば、規模が小さい企業ほど金利上昇による利益へのデメリットが生じやすいといえるでしょう。

　産業別×規模別にみると、製造業の輸送用機械、情報通信機械、電気機械、金属製品、一般機械や、非製造業の鉱業、卸売、建設、医療・福祉、宿泊・飲食生活関連・娯楽では、全産業計と同様の傾向があります。大企業では利息収支の変化による経常利益への影響がプラスもしくは小幅なマイナスですが、中堅・中小企業ではプラス幅が縮小するか、もしくはマイナス幅が拡大しており、企業規模が小さくなると金利上昇のデメリットが現れやすいといえるでしょう。特に、宿泊・飲食の中小企業では②利息収支要因が▲77.6％Ptと、金利上昇によって経常利益が8割近く減少し、景気拡大による営業損益改善（①営業損益要因：＋84.4％Pt）がほぼ相殺される見込みです。

　一方、非製造業の物品賃貸、電力・ガス、情報通信や、製造業の石油・石炭製品では、大企業ほど②利息収支要因による経常利益への影響がマイナスになっています。これらの産業では、大企業において有利子負債の規模が相対的に大きく、金利上昇時に支払利子が受取利子に比べて増加しやすい傾向があります。このように、特定の産業では大企業であっても金利上昇によるデメリットが生じやすい点に留意する必要があるでしょう。

　「金利のある世界」では、企業全体としてみれば経常利益にプラスの影響があると考えられますが、産業別、規模別といった細かな視点では、金利上昇や円高が経常利益に対して大きな下押し要因になるセクターもみられます。「金利のある世界」が実現してもすべてがバラ色になるわけでなく、むしろ企業の優勝劣敗が一段と鮮明になる可能性があるといえそうです。

4　経済成長の加速を伴わない「悪い金利上昇」のリスクも

　第2節では、「金利のある世界」が実現した場合に、企業の経常利益にどのような影響が生じるか確認してきました。経済成長の加速を前提とする「金利のある世界」では、金利上昇そのものが企業全体の利益にマイナスであっても、売上高の増加による営業損益の改善が利益を大きく押し上げるとの試算結果が得られました。

　しかし、金利上昇が必ず経済成長の加速を伴ったものになるとは限りません。経済成長なき金利上昇、すなわち「悪い金利高」の世界では、「金利のある世界」とは異なり、金利上昇によるデメリットだけが生じる可能性があります。すると、負債規模が相対的に大きな物品賃貸、電力・ガス、宿泊・飲食、農林水産、不動産、石油・石炭製品、紙製品といった産業や中堅・中小企業、また、円高の悪影響を受けやすい輸出産業を中心に、経常利益が悪化して債務返済が滞ったり、倒産が増加したりするリスクがあると考えられます。企業への影響をみるうえでは、金利上昇そのものだけではなく、その背景で実体経済がどのように変化しているかを見極めることが求められるでしょう。

〈参考文献〉

諏訪健太（2022）「日本経済を圧迫する円安と資源高〜円安のデメリットが幅広い企業・家計を直撃する構図に〜」、みずほリサーチ＆テクノロジーズ、Mizuho RT Express、2022年4月22日

酒巻哲朗・鈴木晋・中尾隆宏・北川諒・符川公平・仲島大誠・堀雅博（2022）「短期日本経済マクロ計量モデル（2022年版）の構造と乗数分析」、内閣府経済社会総合研究所、ESRI Research Note No.72、2022年12月

山本康雄・前川亜由美・風間春香（2013）「円安が日本経済に及ぼす影響」、みずほ総合研究所（現：みずほリサーチ＆テクノロジーズ）、みずほインサイト、2013年3月14日

家計の住宅ローンと
金融資産所得への影響

第3節では、「金利のある世界」で家計にどのような影響が及ぶか試算します。

金利上昇による家計への影響として、多くの人がまず思い浮かべるのは、住宅ローン利払い負担の増加でしょう。特に、低金利下で変動金利型住宅ローンの利用が拡大したことから、家計は金利上昇に対し脆弱になっている可能性があります。一方「金利のある世界」では、潜在成長率の上昇を伴う経済成長によって賃金が上振れ、家計の所得環境が改善すると見込まれます。また、家計は預金、国債、株式・投資信託といった多額の金融資産を保有しており、金利上昇局面ではそうした金融資産から得られる所得が増加するプラス影響もあります。

本節では、以上のようなプラス・マイナス影響がどの程度の規模で発生するか検討します。まず、日本の住宅ローンの仕組みや市場動向を確認し、金利上昇によって住宅ローンの利払い負担がどれだけ増加するか分析します。次に「金利のある世界」で家計の金融資産選択行動が変化することをふまえ、利息や配当収入の増加によるプラス影響の大きさを試算します。最後に、日本の家計全体でプラス・マイナス影響のどちらが大きいか比較したうえで、負債をもつ世帯について収入や年齢といった属性別に分析し、影響が大きく現れるセクターがあるかどうか確認します。

1　住宅ローン金利上昇による利払い負担増の試算

住宅ローンの仕組み

住宅ローンの金利タイプには、大きく分けて固定金利型、変動金利型の2

種類があります[1]。

　固定金利型は、借り入れたときの金利がその後も据え置かれ、完済まで返済額が変わらない金利タイプです。借入れ後の金利の変動による影響を受けず、返済額を一定に保つことができるため、将来の支出計画を立てやすいのが特徴です。一方で、適用される金利水準は変動金利型に比べ相対的に高くなる傾向があります。

　変動金利型は、借入れ後も金利の変動に応じて適用金利が見直される金利タイプです。金利水準は固定金利型に比べ相対的に低くなりますが、将来の金利上昇度合いによっては、返済額が増加する可能性があります。ただし、返済額の急増を防ぐため、変動金利型ではいわゆる「5年ルール」や「125%ルール」が適用されるのが一般的です[2]。5年ルールは、新規借入れもしくは前回の返済額見直しから5年間は毎月の返済額を一定とするルールです。125%ルールは、見直し後の返済額の上限を従前の1.25倍以内にするルールです。これら二つのルールにより金利が急上昇してもすぐに返済額が急増することはありませんが、返済額に占める利払い分の割合が大きくなるため、元本返済が進みにくくなる点には注意が必要です。

　ここで、変動金利型において金利が上昇した場合の返済額への影響を簡易的な図を用いて確認しましょう。図表3-3-1は、新規借入れから2〜5年目にかけて毎年金利が上昇し、6年目以後は金利が上昇しない場合、毎月返済額がどう変化していくのかを示したものです（繰上返済は行わないと仮定します）。

1　固定金利型には、返済期間全体にわたって適用金利を固定する「全期間固定型」と、当初一定期間（たとえば2年、3年、5年、10年、15年等）だけ適用金利を固定する「固定期間選択型」とがありますが、分析の複雑化を避けるため、本節では固定金利型＝全期間固定型として扱います。

2　これらのルールは、変動金利型のうち、元金分＋利息分を合わせた返済額を毎月一定にする「元利均等返済」方式を選択した場合にのみ適用されます。ほかの返済方式には、元金分を毎月一定とし、そこに残債に応じて決まる利息分を上乗せして返済する「元金均等返済」方式がありますが、こちらには5年ルール、125%ルールは適用されません。

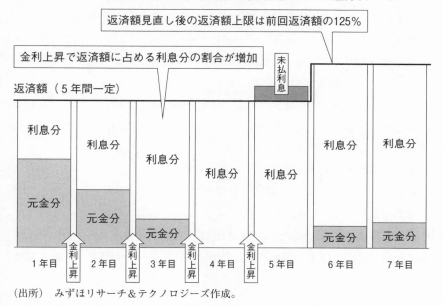

図表３−３−１　金利上昇時における変動金利型住宅ローンの返済イメージ

（出所）　みずほリサーチ＆テクノロジーズ作成。

　５年ルールによって、５年目までの返済額は一定に保たれていますが、２年目以後は金利上昇に伴って返済額に占める元金分の割合が縮小し、利息分の割合が徐々に拡大しています（これが利払い負担の増加に相当します）。金利上昇度合いによりますが、この例では４年目に返済額すべてが利息分に置き換わり、残債（未返済の元金残高）がまったく減少しない状態に陥ってしまいます。５年目にはさらなる金利上昇によって利息分が返済額を上回り、未払利息が発生しています（積み上がった未払利息は、元金・利息分とは別に返済する必要があります）。６年目には返済額見直しにより返済額が増加し、未払利息が解消されて再び元金分も返済できるようになりますが、125％ルールがあるため、元金返済ペースは当初に比べて遅いペースにとどまります。

　このように、金利が上昇すると利息分が返済額を圧迫して残債がなかなか

減少しないため「残債×適用金利」で決まる利息分の返済額も多い状態が続きます。まとめると、変動金利型住宅ローンでは、急激な金利上昇が起こった場合、①返済額に占める利息分の割合上昇、②残債減少ペースの鈍化、③利息分返済額の減少ペース鈍化、④（金利上昇度合いによっては）未払利息の発生を通じて総返済額が増加します。図表3－3－1で示したケースでは、6年目以後は金利上昇がないと想定していますが、仮に6年目以後も金利が上昇した場合は、元金が減少しない期間が長期間にわたり、利息分の返済額が一段と増加することになります。

住宅ローン市場の現状

　次に、日本の住宅ローン市場の規模や新規貸出額に占める金利タイプ別シェアの推移について確認します。

　図表3－3－2は、住宅金融支援機構の「業態別の住宅ローン新規貸出額および貸出残高に関する調査結果」を用い、住宅ローンの新規貸出額（借換

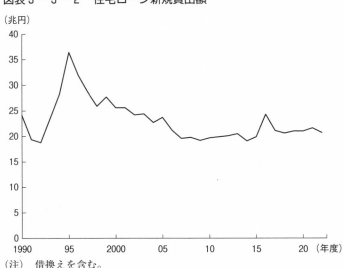

図表3－3－2　住宅ローン新規貸出額

（注）　借換えを含む。
（出所）　住宅金融支援機構より、みずほリサーチ＆テクノロジーズ作成。

えを含む）の推移をみたものです。1990年代半ばには年間35兆円程度の新規貸出がありましたが、景気の低迷や人口減少を背景とする住宅需要の縮小を受け、2000年代後半にかけて年間20兆円前後まで減少しました。その後も、住宅需要は均してみれば緩やかな減少基調にありますが、2010年代以後は資材価格の高まりや建設業の人手不足を受けて建築費が上昇していることから、住宅ローンの新規貸出額はおおむね年間20兆円台の水準で横ばいとなっています。

このように、住宅ローンの新規貸出額は2000年代後半からほとんど変わっていませんが、その中身は大きく変化しています。図表3－3－3は、国土交通省の「民間住宅ローンの実態に関する調査」を用い、新規貸出額（借換えを含む）に占める金利タイプ別シェアの推移を示したものです。2000年代前半は固定金利型が約8割、変動金利型が約2割と、新規貸出の多くを固定

図表3－3－3　住宅ローン新規貸出額における金利タイプ別シェア

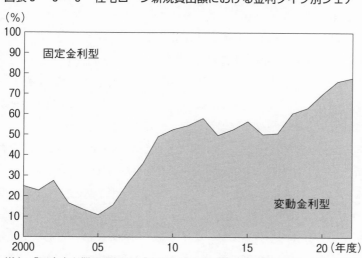

（注）　「固定金利期間選択型」「全期間固定金利型」「証券化ローン」の合計を
　　　　固定金利型として計算。
（出所）　国土交通省「民間住宅ローンの実態に関する調査」より、みずほリサーチ＆テクノロジーズ作成。

金利型が占めていました。しかし、2000年代後半以後は段階的に変動金利型のシェアが高まり、2022年度時点では新規貸出額の約8割が変動金利型と、過去20年間で固定金利型と変動金利型のシェアが逆転しています。

変動金利型が増加した背景には、長い期間にわたり金利が低水準で推移してきたことがあると考えられます。変動金利型住宅ローンの適用金利はおおむね日本銀行の政策金利に連動しますが、2008年に発生した世界金融危機以後、日本では長く政策金利が0％近傍で推移してきました（本書執筆中の2024年4月時点）。多くの家計が「変動金利は当面の間低い水準が続くだろう」という見通しを形成し、新規貸出額に占める変動型の割合が上昇した可能性があります。

しかし、「金利のある世界」が実現すると、家計のこうした選択が裏目に出て、変動金利型住宅ローンを借り入れている世帯で利払い負担が増加するでしょう。固定金利型のシェアが高い米国のような市場と比較すると、日本は家計が金利上昇の悪影響を大きく受けやすい状態であると考えられます。こうした日本の住宅ローン市場の現状をふまえたうえで、金利上昇による住宅ローン利払い負担への影響について試算します。

住宅ローン利払い負担増試算の前提

「金利のある世界」における住宅ローン利払い負担増の試算にあたり、住宅ローン金利がどこまで上昇するか、また、家計の金利タイプ選択行動がどのように変化するか、前提を整理しておきましょう。

住宅ローン金利については、第1節で分析した想定を用います。「金利のある世界」では、住宅ローンの固定金利が長期金利（10年国債利回り）に連動し、4.7％に上昇すると試算しました（2022年度平均1.6％）。また、変動金利は日本銀行の政策金利に連動して3.1％に上昇する見込みです（2022年度平均0.4％）。具体的な金利上昇のタイミングについては、固定・変動金利ともに2024年度から2027年度にかけて上昇し、2028年度以後は2027年度と同じ水準で推移すると仮定します（図表3−3−4）。

「金利のある世界」では「変動金利は当面低水準を維持する」という家計

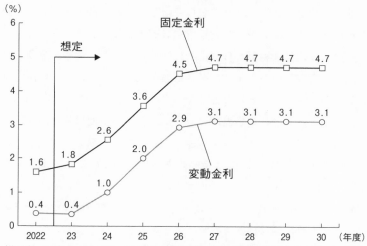

図表３－３－４　住宅ローン金利の想定（年度平均値）

(注１)　固定金利はフラット35の最低金利（借入期間21年以上35年以下、融資率９割以下）。
(注２)　変動金利は優遇幅適用後。
(出所)　住宅金融支援機構、主要都市銀行より、みずほリサーチ＆テクノロジーズ作成。

の期待が覆されることで、金利タイプの選択にも大きな変化が生じるでしょう。変動金利が大幅に上昇し金利に先高観が生じる局面では、家計は今後のさらなる利払い負担増加を回避するために、変動金利型から固定金利型へシフトしていくと考えられます。ここでは、住宅ローン金利の上昇にあわせて、こうした家計の金利タイプ選択行動の変化が生じると想定しました。具体的には、新規貸出額（借換えを含む）に占める固定金利型の割合が一定のペースで拡大し、2026年度には固定金利型が８割、変動金利型が２割になるとの前提を置いています。なお、家計が変動金利型から固定金利型にシフトする際には、すでに固定金利も高水準に達しており、家計は高い金利水準で固定金利型ローンの借入れを余儀なくされるでしょう。これは、将来の変動金利上昇によって返済額がふくれ上がるリスクを回避するかわりに、高い固定金利による返済負担増加を家計が受け入れることを意味しています。

2027年度以後は、住宅ローン金利が固定・変動ともに横ばいで推移しますが、家計は金利急上昇のトラウマから変動金利型の選択を忌避する傾向が続き、固定金利型のシェアが8割を維持すると想定しました。このように、金利上昇局面では変動金利型から固定金利型へのシフトが進み、金利上昇が終わった後も固定金利型のシェアが高い状態が続くことで、家計の住宅ローン利払い負担が増加することになるでしょう。

　なお、住宅ローンの新規貸出額については、2024年度以後ほぼ横ばいで推移すると想定しています。先行きの住宅需要は、人口減少が加速するなかで縮小していくとみられますが、「金利のある世界」では物価安定目標が実現し、インフレ率が前年比＋2％で推移すると想定されます。そのため、住宅ローン新規貸出額は、貸出件数の減少を1件当りの貸出額の増加が相殺し、総額ベースでみれば横ばい圏で推移するとの前提を置きました。

住宅ローン利払い負担増の試算結果

　こうした前提に基づいて「金利のある世界」が実現した場合の住宅ローン利払い負担への影響を試算します。

　まず、金利上昇による影響をイメージしやすくするため、ある架空の世帯が変動金利型、固定金利型それぞれで3000万円（借入期間35年）を借り入れる場合に、「金利のある世界」の想定どおり金利が上昇すると利払い負担（利息分の返済額）がどれだけ増加するかシミュレーションします。

　図表3－3－5（上図）は、変動金利型について毎月の返済額の推移を示したものです。2023年度（変動金利0.4％）を返済1年目とし、2024～2027年度（変動金利1.0～3.1％）にかけて金利が上昇するケースを想定しました。2023年度（返済1年目）は、返済額7.6万円のうち元本分が6.7万円、利息分が0.9万円ですが、金利上昇により利息分が急拡大し、2027年度（返済5年目）には利息分が6.9万円と返済額のほぼすべてを占めるようになります。なお、未払い利息の発生はかろうじて避けられる計算です。

　2028年度（返済6年目）には5年ルールにより返済額の見直しが行われますが、次の返済額は125％ルールの上限値である9.5万円（従前の返済額7.6

図表 3 − 3 − 5　住宅ローンの返済額シミュレーション

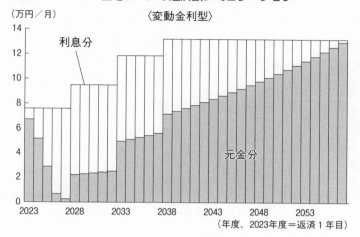

〈変動金利型〉

（万円／月）

利息分

元金分

2023　2028　2033　2038　2043　2048　2053
（年度、2023年度＝返済 1 年目）

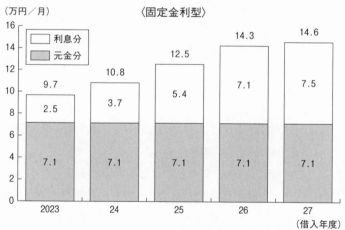

〈固定金利型〉

（万円／月）

利息分
元金分

	9.7	10.8	12.5	14.3	14.6
利息分	2.5	3.7	5.4	7.1	7.5
元金分	7.1	7.1	7.1	7.1	7.1
	2023	24	25	26	27

（借入年度）

（注 1 ）　借入金額3000万円、借入期間35年間。返済方法は元利均等返済。
　　　　　ボーナス払いや諸費用は考慮していない。「金利のある世界」の想
　　　　　定どおり2024〜2027年度に金利が上昇すると仮定。
（注 2 ）　変動金利型は2023年度を返済 1 年目とし、2024〜2027年度にか
　　　　　けて金利が上昇するケース。
（注 3 ）　固定金利型は2023〜2027年度にそれぞれ新規借入れを行った結
　　　　　果を比較。返済額の元金分・利息分の内訳は借入期間35年間の平
　　　　　均。
（出所）　みずほリサーチ＆テクノロジーズ作成。

万円×1.25倍）までしか増加せず、元金返済が進みにくい状態はまだ解消しません。その後も5年ごとに返済額見直しが行われ、徐々に元金返済が進むことで、2038年度（返済16年目）の返済額見直しを最後に、ようやくそれ以上返済額が増加しないようになります。借入期間35年間における利息分返済額の平均値を求めると、1カ月当り4.1万円になります。一方、金利上昇が起こらずに変動金利が0.4％を維持した場合は、利息分返済額の平均値が1カ月当り0.4万円と計算できます。したがって、このケースでは金利上昇によって変動金利型の利払い負担が1カ月当り＋3.6万円増加することになります。

　固定金利型については、借入れを行う年度別に毎月の返済額を示しました（図表3-3-5（下図））。2023年度（固定金利1.8％）に借り入れると毎月の返済額は9.7万円ですが、2027年度（固定金利4.7％）に借り入れると毎月の返済額は14.6万円に増加します。返済額の内訳（借入期間35年間の平均）をみると、金利上昇により、利息分の返済額が2023年度借入ケースの2.5万円から2027年度借入ケースの7.5万円へと、1カ月当り＋4.9万円増加することが確認できます。また、この結果は、2025年度以後に固定金利型で借り入れると変動金利型に比べて利払い負担が重くなることを意味しています[3]。これは、固定金利が2025年度に3.6％まで上昇し、「金利のある世界」の変動金利水準3.1％を上回ることが原因です。

　以上のように、「金利のある世界」では、変動金利が上昇すること、そして、家計の金利タイプ選択行動の変化によって金利水準が高い固定金利型へのシフトが進むことが、住宅ローンの利払い負担（利息分の返済額）の増加につながることがわかります。

　では、実際に日本の家計全体でどの程度の利払い負担増が生じるか試算しましょう。ここでは、「金利のある世界」が実現して金利が上昇するケースと、「金利のある世界」が実現せず金利上昇が起こらないケースを比較し、

3　これは「金利のある世界」で想定した特定の条件におけるシミュレーションの結果であり、実際の経済動向を反映した予測ではない点に注意してください。

住宅ローンの利払い負担の増加幅を計算します[4]。

　図表3－3－6は、2024～2030年度における利払い負担の増加幅を金利タイプ別に示したものです。

　まず変動金利型についてみると、利払い負担の増加幅は2024年度時点で0.9兆円ですが、金利上昇に伴い、2027年度には4.2兆円へと拡大します。家計の労働所得（雇用者報酬）が年間300兆円前後であることをふまえると、4.2兆円は家計にとって大きな負担増といえるでしょう。2028年度以後、利払い負担の増加幅は4.2兆円でほぼ横ばいになります。変動金利型では、すでに住宅ローンを借り入れている世帯、新たに住宅ローンを借り入れる世帯ともに金利上昇による影響を受けるため、2024～2027年度の金利上昇局面で利払い負担の増加幅が拡大し、金利上昇が止まる2028年度以後は追加的な負担増がほとんど生じない格好です[5]。

　固定金利型の利払い負担の増加幅は、2024年度時点で0.1兆円、2027年度時点で1.9兆円と、変動金利型の負担増を下回ります。固定金利型では既存の借り手に金利上昇の影響が及ばず、利払い負担の増加は新たな借入れ（変動金利からの借換えも含む）によってのみ起こるため、変動金利型に比べて金利上昇の影響が緩やかに現れる特徴があります。また、変動金利型と異なる点として、固定金利型では金利上昇が止まる2028年度以後も、利払い負担の増加幅が拡大傾向を続けます。これは、「金利のある世界」で家計の金利

4　なお、「金利のある世界」では住宅需要の減少を物価上昇（2％物価安定目標の実現）が相殺し、住宅ローンの新規貸出額がほぼ一定で推移すると想定しました。一方、「金利のある世界」が実現しない場合は、物価上昇率が2％を下回るため、住宅ローンの新規貸出額が緩やかに減少していくと想定しています。この新規貸出額の想定の差も、わずかながら「金利のある世界」における利払い負担の増加に影響します。

5　厳密には、変動金利型の利払い負担の増加幅（「金利のある世界」が実現するケースと実現しないケースとの利払い額の差）は、2029年度にかけてわずかに拡大し、2030年度以後は徐々に縮小していきます。これは、「金利のある世界」が実現するケースでは変動金利型のシェアが低下し、中長期的には家計全体でみたときに変動金利型の利払い額が緩やかに減少していく一方、「金利のある世界」が実現しないケースでは変動金利型のシェアが高いままであり、変動金利型の新規借入が多く、利払い額が緩やかに増加していくためです。

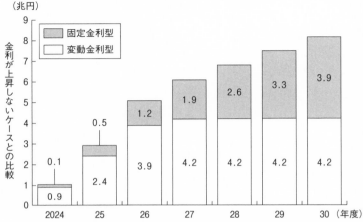

図表３－３－６　住宅ローン利払い負担増の試算結果

（注１）「固定金利期間選択型」「全期間固定金利型」「証券化ローン」の合計を固定金利型として計算。
（注２）「リフォームローン」については、「変動金利型」と「固定金利型」のウェイトで按分。
（出所）　国土交通省、日本銀行、住宅金融支援機構より、みずほリサーチ＆テクノロジーズ作成。

タイプ選択行動が変化し、固定金利型のシェアが８割になると想定していることが背景にあります。金利が上昇しないケースと比較すると、「金利のある世界」では高い固定金利で新たに住宅ローンを借り入れる世帯が多いため、固定金利型では利払い負担の増加幅が年を追うごとに拡大していく構図になります。

　変動金利型、固定金利型の利払い負担増加幅をあわせると、2024年度は１兆円にとどまりますが、住宅ローン金利が「金利のある世界」の想定水準に達する2027年度には6.1兆円に拡大します。金利上昇が止まる2028年度以後も固定金利型の利払い負担増が続き、2030年度には８兆円を超える規模になるでしょう。このように、家計の負債である住宅ローンの利払い負担に焦点を当てると、「金利のある世界」では家計に大きなマイナスの影響が発生することが確認できます。

2 金融資産所得の増加による家計のプラス影響試算

　続いて、「金利のある世界」において家計の金融資産に生じる影響をみましょう。過去の低金利環境を振り返ったうえで、「金利のある世界」では家計がどのような金融資産の選択行動をとるか検討し、その結果として利息や配当収入といった金融資産所得がどの程度増えるか試算します。

過去の低金利環境で拡大した家計の現金・普通預金保有

　1990年代後半以後の低金利環境において、家計の金融資産構成は大きく変化しました。図表 3 - 3 - 7 は、家計金融資産の主要項目別シェアの推移をみたものです。低金利環境以前の1980年代には、定期預金と有価証券（国債等の債務証券、株式、投資信託）が家計金融資産の大部分を占めていました。しかし、バブル崩壊後の1990年代には有価証券のシェアが低下し、低金利が本格化した2000年代以後は定期預金のシェアも縮小しました。かわりにシェアが拡大したのが普通預金・現金です。1990年度時点で、家計金融資産に占めるシェアは普通預金が 5 ％、現金が 2 ％にすぎませんでしたが、2022

図表 3 - 3 - 7 　家計金融資産の主要項目別シェア

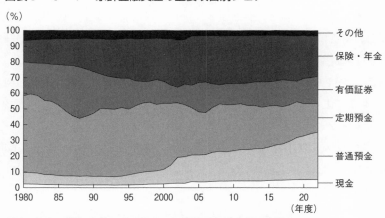

（注）　有価証券は債務証券、株式・投資信託受益証券の合計。
（出所）　日本銀行「資金循環統計」より、みずほリサーチ＆テクノロジーズ作成。

年度には普通預金が30%、現金が５％に拡大しています。

　家計金融資産が定期預金や有価証券から現金・普通預金にシフトした背景には、低金利環境において収益性と利便性のバランスが変化したことがあると考えられます。各資産の収益性、すなわち預金の金利や有価証券の利回りは、一般的に定期預金や有価証券では高く、普通預金では低くなる傾向があります（現金の収益性はゼロです）。他方で、現金・普通預金はいつでも決済に利用できる利便性があります。定期預金や有価証券の金利・利回りが十分高く、収益性のメリットが利便性のデメリットを上回る状態では、家計は定期預金や有価証券の保有を選択すると考えられますが、低金利環境で収益性が低下したことで、家計は収益性が低くとも利便性が高い現金・普通預金に資産を滞留させていたといえるでしょう。

「金利のある世界」では、資産が定期預金や有価証券にシフトする見込み

　「金利のある世界」が実現すると、資産の収益性と利便性のバランスが再び変化し、家計が定期預金や有価証券を保有しやすい環境になると考えられます。たとえば預金金利についてみると、第１節で試算したように、「金利のある世界」では定期預金金利（預入期間10年）が2.5%（2022年度0.4%）まで上昇するのに対し、普通預金金利は上昇しても0.4%（2022年度0.001%）にとどまります。すると、普通預金に対して収益性の点で定期預金の魅力度が増し、すぐに引き出せない利便性の低さを考慮しても、定期預金に金融資産を移す家計が増えるでしょう。

　有価証券については、「金利のある世界」で長期金利（10年国債利回り）が3.5%まで上昇することを受け、家計が資金運用手段として個人向け国債の購入を増やすと考えられます。個人向け国債は、元本・利子の支払いを国が行うことから一般的に安全性が高い商品と認識されており、発行後１年が経過すると中途換金も可能なため、定期預金に近い商品性をもっているといえます。

　また、「金利のある世界」では株式・投資信託の保有も進むでしょう。株価は、長い目でみれば、企業の業績を通じて経済成長率やインフレ率に連動

する傾向があります。「金利のある世界」では、経済成長率やインフレ率が上振れると想定しており、それにあわせて株価上昇率も高まると考えられます。インフレ率が高まると、現金・預金や債券は物価上昇を考慮した実質的な価値が目減りするため、株式の相対的な魅力度が高まるでしょう。第2節で分析したように「金利のある世界」では企業利益が拡大するため、株式・投資信託の保有は、受取配当金の増加というかたちで家計にプラス影響をもたらすと考えられます。

　総じてみれば、金利上昇局面では現金・普通預金から定期預金、国債、株式・投資信託といった収益性が高い資産への移転が起こると考えられます。すると、家計は利息収入や配当といった金融資産所得の増加によるプラス影響を受けやすくなるでしょう。

「金利のある世界」では、金融資産所得が堅調に増加

　こうした家計金融資産に関する想定をふまえ、「金利のある世界」における金融資産所得の増加幅を試算したものが図表3－3－8です。金利が上昇しないケースと比較すると、「金利のある世界」では、2024年度時点で金融資産所得が4.6兆円上振れる計算です。その後、金利上昇に伴って金融資産所得の増加幅も拡大し、2027年度時点で9.8兆円、2030年度時点では10.7兆円に達するでしょう。潜在成長率の上昇を伴う経済の拡大によって家計の所得環境が改善し、金融資産が蓄積しやすくなることに加えて、預金金利の上昇や配当金の増加により金融資産所得が押し上げられる格好です。

　資産別の内訳をみると、2027年度時点では普通預金の利子収入増が2.7兆円、定期預金の利子収入増が3.3兆円、株式・投資信託の配当増が2.9兆円と、ほぼ拮抗しています。普通預金は資金が定期預金や有価証券に一部移転しますが、それでも残高が600兆円超と大きいため、利子収入の増加幅が定期預金や株式・投資信託と比べても遜色ない規模になります。

　なお、定期預金の利子収入は、本来は預入期間が終了する満期時に実現して家計の所得になりますが、ここでは、ほかの資産との比較を簡単にするため、預入期間の途中で利子が発生する年度に計上しています。「金利のある

図表３－３－８　金融資産所得増加の試算結果

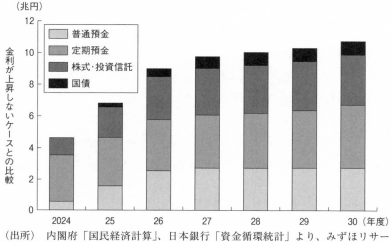

（出所）　内閣府「国民経済計算」、日本銀行「資金循環統計」より、みずほリサーチ＆テクノロジーズ作成。

世界」では、高い預入金利の恩恵を受けるために預入期間が長い定期預金へのシフトが進むとみられることから、家計が実際に定期預金から利子収入を受け取るタイミングは図表３－３－８より遅くなります。

3　「金利のある世界」における家計のプラス・マイナス影響比較

家計全体では「金利のある世界」はプラス影響がマイナス影響を上回る

　ここまで、「金利のある世界」で発生する家計へのインパクトとして、住宅ローンの利払い負担増によるマイナスの影響、金融資産所得の増加によるプラスの影響について、それぞれ試算してきました。ここでは、そうしたプラス・マイナス影響を比較し、家計に「金利のある世界」の恩恵があるかどうか確認します。

　図表３－３－９は、プラス側を金融資産所得の増加、マイナス側を住宅

ローンの利払い負担増として、「金利のある世界」の影響を比較したものです。図表3－3－6（住宅ローンの利払い負担増）、図表3－3－8（金融資産所得増加）は日本の家計全体の影響総額を示していましたが、図表3－3－9では総額を全家計数で割って計算した1世帯当り平均の値を示しています。

プラス面では、金利上昇に伴って家計が受け取る利子・配当収入が増加し、2026年度には普通預金の利子収入が年間5.1万円、定期預金の利子収入が同6.4万円、株式・投資信託の配当が同5.4万円、国債利子収入が同1.0万円上振れます。合計すると、金利が上昇しない場合と比較して金融資産所得は2026年度に年間17.8万円増加する計算です。マイナス面では住宅ローンの利払い負担が年間10.1万円増加しますが、2026年度時点ではプラス面（年間17.8万円）のほうが大きく、差引き年間7.7万円のメリットが生じることに

図表3－3－9　「金利のある世界」で家計が受ける平均的な影響

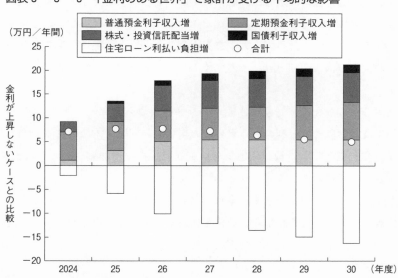

（注）　1世帯当りの値。対象は全世帯。
（出所）　総務省「家計調査」、同「家計構造調査」、内閣府「国民経済計算」、日本銀行「資金循環統計」より、みずほリサーチ＆テクノロジーズ作成。

なります。

2027年度以後をみると、金融資産所得の増加幅は拡大ペースが鈍化する一方、住宅ローン利払い負担の増加幅が拡大し続けるため、メリットが徐々に縮小していきます。2030年度には金融資産所得の増加幅が年間21.3万円、住宅ローン利払い負担の増加幅が年間16.2万円となり、メリットは年間5.1万円に縮小します。とはいえ、マイナス面に比べプラス面が大きいことには変わりなく、「金利のある世界」では2030年度までをみても家計に恩恵があるといえるでしょう。

ただし、これは日本のすべての家計を対象にして1世帯当りの影響を試算した結果です。家計のなかには負債がある世帯・ない世帯といった違いがあるほか、収入や年齢によって金融資産の保有額にも差があるでしょう。そうした世帯属性の違いに着目し、より細かな視点で「金利のある世界」における家計への影響を再評価してみましょう。

対象を負債保有世帯に限ると、低・中所得層や若年層でマイナス影響大

金利上昇によってマイナスの影響を受けるのは負債を保有している世帯です。住宅ローンは家計負債の大半を占めることから、住宅ローンを借り入れている世帯では、金利上昇によるマイナスの影響を大きく受けると考えられます。

図表3－3－10は、対象を住宅ローン等の負債を保有する世帯に限定し、2026年度における「金利のある世界」の影響を年間収入階級別に示したものです。すべての年収階級で住宅ローン利払い負担の増加幅（マイナス影響）が金融資産所得の増加幅（プラス影響）を上回り、差引きで家計にデメリットが生じることがわかります。全世帯平均でみたときと比べて1世帯当りの負債規模が大きいことに加え、負債を保有する世帯は保有しない世帯と比べて金融資産が少なく、利払い負担増を打ち返せるほどの利子・配当収入の増加が生じないことを示しています。

住宅ローンを借り入れる世帯では、借入金額を抑えるために貯蓄の一部を住宅購入の頭金に充てる傾向があります。国土交通省の「令和4年度住宅市

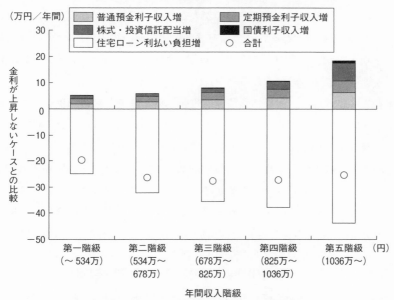

図表 3 - 3 - 10　負債保有世帯の年間収入階級別の影響（2026年度）

（注）　1 世帯当りの値。対象は負債を保有する二人以上勤労者世帯。年間収入階級の境界値は2022年平均。

（出所）　総務省「家計調査」、同「家計構造調査」、内閣府「国民経済計算」、日本銀行「資金循環統計」より、みずほリサーチ＆テクノロジーズ作成。

場動向調査報告書」によれば、一次取得者（住宅を初めて購入した世帯）のうち注文住宅では自己資金比率が購入額の20.0％、分譲集合住宅では同28.5％と、概して 2 ～ 3 割程度の自己資金を用意していることがわかります。このような家計では預金や有価証券等といった金融資産を取り崩して住宅購入の頭金に充てているとみられ、金利上昇による金融資産所得増加のプラス影響を受けにくくなるでしょう。

　また年収階級別にみると、低・中所得層では高所得層と比較して貯蓄率（家計の可処分所得に占める貯蓄の割合）が低いため、資産形成が進みにくい傾向があります。特に、年間収入第二～第四階級（534万～1036万円の世帯）では住宅ローンの残債が多く、金利上昇によるマイナス影響が大きい一

方、資産形成が高所得層ほど進んでおらず、プラス影響が相対的に小さくなっています。最もマイナスの影響が大きい第三階級（年間収入678万～825万円）では、「金利のある世界」における金融資産所得の増加分が年間8.1万円になりますが、住宅ローン利払い負担の増加幅は年間35.6万円にのぼり、差引きで年間27.6万円（1カ月当り2.3万円）のデメリットが生じます。

図表3－3－11は、同様に負債保有世帯への影響を年齢階級別にみたものです。高齢層に比べ、若年層でマイナスの影響が特に大きいことが確認できます。資産形成が進んでいない若年層では預貯金や有価証券等の保有額が小さく、金融資産所得が増えにくい傾向があります。他方で、負債面では住宅ローンを借り入れて間もない世帯が多いため、金利上昇による利払い負担増のマイナス影響を受けやすくなります。最もマイナス影響が大きい30～39歳の世帯では、「金利のある世界」で利子・配当収入が年間7.6万円増加する一

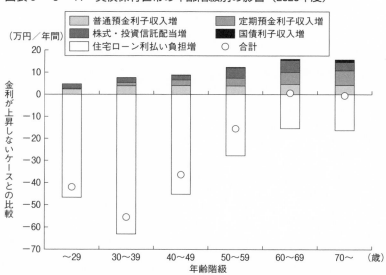

図表3－3－11　負債保有世帯の年齢階級別の影響（2026年度）

（注）　1世帯当りの値。対象は負債を保有する二人以上世帯。
（出所）　総務省「家計調査」「家計構造調査」、内閣府「国民経済計算」、日本銀行「資金循環統計」より、みずほリサーチ＆テクノロジーズ作成。

方、住宅ローン利払い負担増は年間63.0万円に達し、差引きで年間55.4万円（1カ月当り4.6万円）ものデメリットが生じます。なお、高齢層では、預金や株式・投資信託の保有額が多く利子・配当収入の増加幅が大きい一方で、住宅ローンの返済が進んで残債が少ないため、金利上昇によるマイナス影響は限定的とみられます。

このように対象を負債保有世帯に限ると、全世帯ベースでみたときとは打って変わって、金利上昇によるマイナスの影響を被りやすいとの結果になります。とりわけ資産が少なく負債が多い低・中所得層や若年層の世帯では、「金利のある世界」が必ずしも恩恵とはならない点に留意する必要があるでしょう。

4   利払い負担の増加が消費意欲を抑制するリスク

第3節では、「金利のある世界」が実現すると、家計に住宅ローン返済負担の増加によるマイナス影響と、金融資産所得の増加によるプラス影響が生じることを確認しました。家計部門全体でみるとプラス影響のほうが大きいものの、負債を保有する世帯に限定するとマイナス影響のほうが大きく、特に低・中所得層や若年層で金利上昇のデメリットが生じやすいことがわかりました。

このように、金利上昇によるマイナス影響が大きい世帯では、利払い負担の増加による収支のひっ迫を和らげるために、消費を抑制する行動をとる可能性があります[6]。消費の抑制は、各世帯それぞれにとってみれば収支を改善する合理的な行動です。しかし、マイナス影響が大きい世帯すべてが同様

---

[6]   マイナス影響として試算した利払い負担は、住宅ローンの利息分返済額に相当します。先述したとおり、元利均等返済方式の変動金利型住宅ローンでは5年ルールや125％ルールが適用されるため、金利が上昇しても元本分を含めた毎月の返済額が直ちに増加するわけではありません。しかし、家計が総返済額の増加による先々の返済負担の強まりを意識しているとすれば、本稿で試算したように、金利上昇による利払い負担の増加を家計が即座にマイナス影響として認識すると考えられます。

の行動をとると経済全体の消費が伸び悩み、「金利のある世界」の前提である「日本経済の拡大が続き、物価が持続的・安定的に上昇する」姿が持続しなくなるリスクがあります。

　こうしたリスクが顕在化すると「金利のある世界」が「悪い金利高」に転換してしまう可能性があります。「悪い金利高」では、家計の所得拡大ペースが鈍化して一段と消費が伸び悩むほか、金融資産の蓄積が遅れ、金利上昇によるプラス影響を享受しにくくなると考えられます。「金利のある世界」で金利が上昇していく局面では、家計全体の動向だけでなく、負債保有の有無や収入・年齢別といった細かな視点で、家計行動に変調が起こっていないかモニタリングする必要があるでしょう。

〈参考文献〉
みずほリサーチ＆テクノロジーズ（2023）「「貯蓄から投資へ」は進むか？〜資産所得倍増プラン成功のカギと将来シミュレーション〜」、みずほリポート、2023年8月18日

第4節 政府の財政運営への影響

前節までの試算のとおり、金利上昇による影響はセクター別に異なりますが、特に債務を多く抱えるセクターはマイナス面の影響が大きく、「金利のある世界」への備えが求められるといえるでしょう。

とりわけ懸念されるのは、最大の債務保有セクターである政府部門の財政への影響です。政府債務残高が巨額な日本では、金利上昇が利払費の増加を通じて財政運営をひっ迫させてしまうことが懸念されます。第4節では、金利上昇が財政に与える影響について考察してみましょう。

1 近年の日本の財政運営

金利ボーナスを享受してきた日本の財政

これまでの財政運営は歳出の増加に歯止めがかからず、「ワニの口」とも呼ばれるように歳出が税収を大きく上回る状況が毎年のように続いています（図表3－4－1）。長い目でみると、歳出は一貫して伸び続けてきた一方で、税収は1990年度を境にバブル崩壊後の経済成長の停滞から伸び悩み、その差は政府の借金である公債でまかなわれてきました。近年では、新型コロナウイルス感染症や物価高への対応のため、「桁違い」の補正予算が編成されたこともあって（2020年度は73兆円、2021・2022年度も30兆円台の補正予算編成が継続しました）、財政赤字がさらに拡大しています。

こうしたなか、国債残高（普通国債残高[1]）は増加の一途をたどり、2022年度末時点実績で1027兆円まで増加しています（図表3－4－2）。財政の

---

1 普通国債には、建設国債、特例国債、復興債、脱炭素成長型経済構造移行債および借換債が含まれ、利払い・償還財源は主として税財源によりまかなわれます。

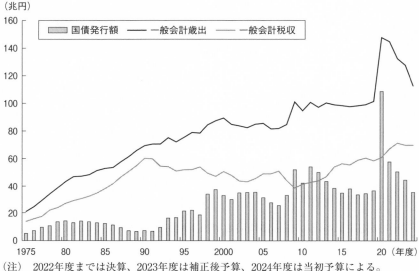

図表３－４－１　一般会計歳出・税収と国債発行額の推移

（注）　2022年度までは決算、2023年度は補正後予算、2024年度は当初予算による。
（出所）　財務省より、みずほリサーチ＆テクノロジーズ作成。

　持続可能性という観点からは、税収を生み出すもととなる国の経済規模
（GDP）に対してどれくらいの借金をしているかが重要となります。2022年
度末時点実績では対GDP比で181％（国および地方の長期債務残高対GDP比
でみると219％、中央政府・地方政府・社会保障基金をあわせた一般政府
ベースの債務残高でみると260％）に達しており、主要先進国のなかで最も
高い水準にあります。

　一方で、日本銀行の金融緩和政策により金利水準が低かったため、国債残
高が増加しているにもかかわらず、これまで政府の利払費は大きく増加しま
せんでした。こうした現象は「金利ボーナス」と呼ばれます。

　国債残高が累増しても利払費が増えないため、財政運営にとっては「追い
風」となります。これまでのような民間需要が弱い局面では、政府が低金利
で資金を調達して財政出動で景気を下支えすることも正当化される余地が
あったでしょう。一方で、マイナス面としては、財政支出に伴うコスト意識

図表３−４−２　利払費と普通国債残高の推移

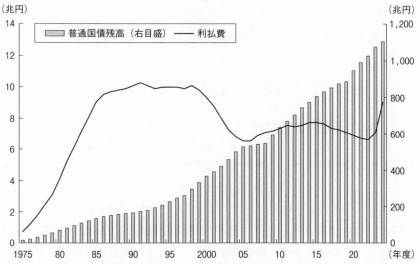

（注）　2022年度までは実績、2023年度は補正後予算に基づく見込み、2024年度は当初予算。
（出所）　財務省より、みずほリサーチ＆テクノロジーズ作成。

が低下してしまうことで、財政規律が働きにくくなる点が指摘できます。図表３−４−１のとおり、これまで歳出が当たり前のように膨張し続けてきたことがその証左でしょう。

2024年度予算は財政運営の局面変化を示唆

　しかし、2024年度の政府の当初予算は、こうした局面が変わりつつあることを印象づけるものとなっています。2024年度の政府の当初予算規模は112.6兆円（令和６年能登半島地震を受けた一般予備費追加後）と、前年度当初予算（114.4兆円）に比べ▲1.8兆円減少しましたが、ヘッドラインの予算規模の減少は物価・賃上げ促進予備費の減少（前年度当初予算対比▲４兆円）による面が大きく、高齢化を受けて社会保障関係費は37.7兆円（同＋0.9兆円）と増加傾向が続いています。

　さらに注目すべき点は、長期金利上昇を受けて想定金利が1.1％から1.9％に引き上げられたことで、国債費は27.0兆円（同＋1.8兆円）、そのうち利払

費は9.7兆円（同＋1.2兆円）と大幅に増加したことです（図表3－4－2）。金利が上昇することを想定したうえで財政運営を行わねばならなくなった、という点で、財政運営が局面変化を迎えつつあるといえるでしょう。

2　「金利のある世界」で懸念される財政リスク

「金利のある世界」が到来する場合、特に懸念されるのは財政への影響です。国債の平均残存期間は9年超（2022年度末時点）まで長期化しており、短期的には金利上昇が直ちに利払費増に直結するわけではありません（図表3－4－3）。また、名目経済成長率が高まれば税収も増加するでしょう。

しかし、債務残高が巨額な日本では徐々に国債費（利払費）が増加し、中期的には税収増を上回ってしまう可能性がある点には注意が必要です。特に、金利と経済成長率との関係には気をつけなければなりません。2013年に日本銀行の異次元緩和政策が開始されて以後、長期金利は名目GDP成長率を下回って推移していました（図表3－4－4）。しかし、日本銀行が金融政策の正常化に向かうなかでは、このような長期金利が名目GDP成長率を下回る状況が変化する可能性もあります。実際、1990年代から2012年頃までは長期金利が名目GDP成長率を上回る傾向がみられました[2]。

本書では「金利のある世界」で政策金利は2.75％、長期金利は3.5％まで上昇すると想定しています。一方で、中期的な名目GDP成長率は2.3％と想定しているため、長期金利が名目GDP成長率を上回る状況が続くことになります（図表3－4－4）。

この場合、いわゆる「ドーマー条件」が満たされなくなってしまいます。ドーマー条件とは、利子率と経済成長率とを比較し、利子率が経済成長率よりも低ければ政府債務残高の対GDP比は安定化に向かい、逆に利子率が経済成長率よりも高ければ政府債務残高の対GDP比は発散してしまうという、

2　1995年度からコロナ禍前の2019年度までの平均値でみると、長期金利は1.2％、名目GDP成長率は0.4％程度と、長期金利が名目GDP成長を上回っています。

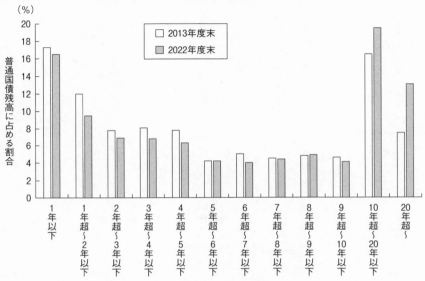

図表 3 − 4 − 3　普通国債残高の期間別構成

（出所）　財務省より、みずほリサーチ＆テクノロジーズ作成。

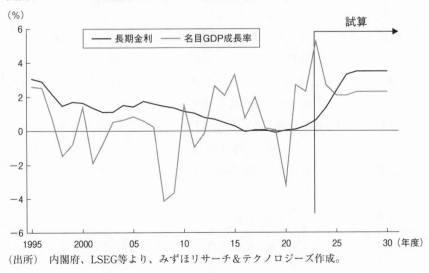

図表 3 − 4 − 4　長期金利と名目GDP成長率の推移

（出所）　内閣府、LSEG等より、みずほリサーチ＆テクノロジーズ作成。

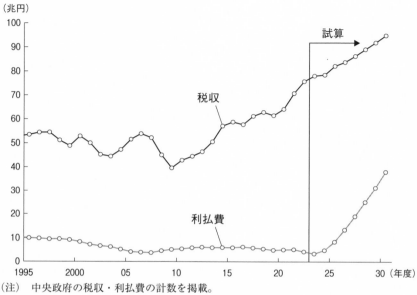

図表 3 － 4 － 5　政府の税収・利払費

（注）　中央政府の税収・利払費の計数を掲載。
（出所）　財務省、内閣府等より、みずほリサーチ＆テクノロジーズ作成。

財政の安定性をチェックするための条件です。数式で表すと、金利を r 、名目GDP成長率を g とすれば「政府債務残高の対GDP比の変化＝（ r － g ）÷（ 1 ＋ g ）×政府債務残高の対GDP比＋基礎的財政収支赤字の対GDP比」となるため、基礎的財政収支[3]が赤字のままであれば財政破綻（政府債務対GDP比が発散）してしまうことになります。

　本書の「金利のある世界」想定では、（増税等の追加的な対応を行わない限り）金利上昇による利払費の増加が経済成長に伴う税収の増加を上回ります。2030年度の国の税収は2022年度対比で20兆円程度の増加にとどまるのに

3　基礎的財政収支（プライマリーバランス）とは、国債発行を除く税収等の歳入から、国債の償還・利払いを除く歳出を差し引いた収支をいいます。社会保障や公共事業などの行政サービスを提供するための政策的経費を、その時点の税収等でまかなえているかを示す指標です。

対し、利払費は30兆円程度増加する計算です（図表3－4－5）。

　こうした状況下では、歳出削減あるいは増税・社会保険料増額等により、基礎的財政収支を一定以上の黒字に保つ必要があります。政府債務残高の対GDP比が発散することを回避するには、金利と経済成長率の差をカバーするだけの基礎的財政収支の黒字が必要になるためです。これまでのように多額の補正予算を編成することを継続するような余裕はもはやないといえるでしょう。逆にいえば、金利が低い間に財政健全化を進めたほうが、追加的に必要となる歳出削減・増税・社会保険料増額を結果的に抑制できるため、国民の「痛み」を小さくする観点から合理的であるといえるでしょう。

3　「財政破綻」は避けられても厳しい財政運営を迫られるおそれ

　それでは、「ドーマー条件」が満たされない（長期金利が名目GDP成長率を上回る）状況において、国債残高の対GDP比を発散させない（増加させない）ようにするためには、どの程度の財政収支の改善が必要になるのでしょうか。

　中期的に長期金利が3.5％、名目GDP成長率が2.3％程度で推移すると想定し、国債残高のGDP比を現状に近い水準、たとえば181％程度（2022年度末時点の普通国債残高）に維持するとした場合、理論的には基礎的財政収支は対GDP比で2.2％程度の黒字が必要となる計算になります（図表3－4－6）。2025年度以後の国の基礎的財政収支対GDP比は、後述するように（高齢化による社会保障給付費の増加等をふまえると）中期的に▲2.6％程度以上の赤字が見込まれるため、単純計算では対GDP比で＋4.8％Pt程度以上の国の基礎的財政収支改善が必要になります。簡易的に計算すると金額換算で30兆円程度、消費税率換算で15％Pt程度の引上げが必要になる計算です。

　これはあくまで超長期的な政府の予算制約式から導き出される理論的な関係（ドーマー条件）を用いた機械的な試算ですので、現実的に15％もの消費

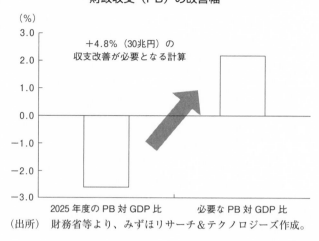

図表 3 － 4 － 6　　国債残高対GDP比の維持に必要な基礎的
財政収支（PB）の改善幅

（出所）　財務省等より、みずほリサーチ＆テクノロジーズ作成。

税増税が短期的に実施されることは考えにくいでしょう。しかし、国債残高
が対GDP比ですでに高水準となっている日本において、長期金利が名目
GDP成長率を1.2%Pt程度上回ると想定した場合、国債残高の対GDP比を上
昇させないようにするためには、相当思い切った財政運営が求められること
をこの試算は意味しています[4]。「財政破綻」が避けられたとしても、国民生
活に大きな影響を及ぼす可能性がある点には留意が必要でしょう。仮に消費
税率が15%Pt引き上げられるとすれば、消費税増税がない場合と比べて
GDPの水準は▲4％程度低下すると試算されます。

　もちろん、本書の想定ほど長期金利が上昇せず、長期金利が名目GDP成
長率を下回って推移するシナリオも考えられます。その場合、日本は財政再
建が必要ないのかといえばそうではありません。金利が名目GDP成長率を
下回るケースとして、たとえば長期金利が1.1%（財務省が国債費の想定金

---

[4]　なお、国債残高対GDP比の水準が高いほど、あるいは金利が名目GDP成長率を上回
る幅が大きいほど、国債残高対GDP比の水準を維持するために必要な基礎的財政収支の
改善幅が大きくなる点には注意が必要です。

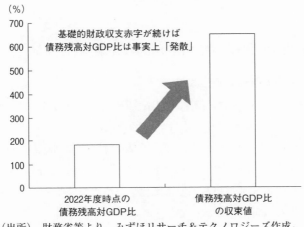

図表３－４－７　基礎的財政収支赤字が継続した場合の国債残高対GDP比

（％）

基礎的財政収支赤字が続けば
債務残高対GDP比は事実上「発散」

2022年度時点の
債務残高対GDP比

債務残高対GDP比
の収束値

（出所）　財務省等より、みずほリサーチ＆テクノロジーズ作成。

利に従来用いた水準）、名目GDP成長率が1.5％程度で推移すると想定し、前述した国の基礎的財政収支赤字（対GDP比で▲2.6％程度）が継続する場合、国債残高対GDP比の収束値は652％になるため、事実上「発散」していると市場にとらえられるリスクがあります（図表３－４－７）。国債残高の対GDP比が何倍になれば「財政破綻」なのかという点については、経済学的にも明確なコンセンサスが存在するわけではありませんが、政府債務残高が経済規模を大きく上回るスピードで増加し続ければ、財政規律に対して市場が懸念を抱くことは十分に考えられます。国債に対する信任が失われてしまえば、その時点で金利が急上昇し、海外格付け機関による日本国債の格下げリスクも高まるでしょう。日本の通貨である円の信認が失われれば急激な円安・インフレを招くリスクがあり、それは国民生活の破綻にもつながりかねません。そうした場合、市場安定化のため、事後的に大幅な歳出カット・増税による財政収支の改善という厳しい選択が結局は求められることになると考えられます。国債に対する信任が保たれている状況だからこそ金利が抑

制されるのであって、金利が大きく上昇しないからといって「財政健全化は不要」というのは本末転倒であるといえるでしょう。

4　財政健全化に向けた中期的な取組み

求められる基礎的財政収支の改善

　近年の財政運営は、当初予算で歳出を抑制したかたちにして、補正予算で（補正予算の本来の趣旨になじまない分野の支出も含めて）歳出を大幅にふくらませる構図が続いています（補正予算は時間的な制約もあって財政当局の査定も緩くなりがちであり、歳出拡大の「抜け道」となっています）。こうした、いわゆる「補正回し」の常態化を解消しない限り、基礎的財政収支の改善は進まない可能性が高いでしょう。

　名目GDP成長率が高まって税収が増加しても、その分歳出圧力が増加してしまえば基礎的財政収支は改善しません。賃金・物価が持続的に上昇するとなれば、人件費等の上昇に伴い公共事業関係費や文教および科学振興費等の歳出額（名目額）にも増加圧力が働くでしょう。高齢化の進展で社会保障費の増加が不可避である点もふまえれば、増税等の特段の追加的な対応がなされない場合、自然体では政府（国）の基礎的財政収支赤字は2030年度時点で▲2％台後半程度の赤字が残ると見込まれます（図表3－4－8）。基礎的財政収支が赤字のままで金利が名目GDP成長率を上回ってしまえば、国債残高の対GDP比は発散に向かうリスクが高まります。前述したように短期的には金利上昇が利払費増加に直結するわけではないことから、国債残高の対GDP比は2030年度時点で急激な上昇には至らない絵姿となっていますが、それでも2020年代後半には上昇トレンドが強まることが確認できます（図表3－4－9）。より長い時間軸で先行きを考えれば、自然体では国債残高の対GDP比は累増の一途をたどり、「発散」に向かうことになるでしょう。

　こうした金利上昇リスクを見据えた場合、歳出削減あるいは増税・社会保険料増額等により基礎的財政収支を中期的に改善させていく必要性が高まる

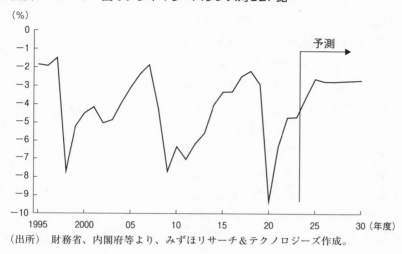

図表3－4－8　国のプライマリーバランス対GDP比

（％）

（出所）　財務省、内閣府等より、みずほリサーチ＆テクノロジーズ作成。

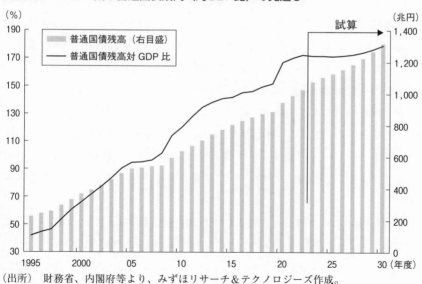

図表3－4－9　国の普通国債残高（対GDP比）の見通し

（出所）　財務省、内閣府等より、みずほリサーチ＆テクノロジーズ作成。

でしょう。まずはコロナ禍以後に膨張した財政を「平時」に戻し、財政秩序の回復に向けた姿勢を示す必要があると考えられます。

社会保障負担を国民全体で分かち合い、制度の持続可能性を高める必要

日本はこれから高齢化が進み、中期的に社会保障費の増加が不可避という状況です（構造的に歳出が増えていくのは避けられないということです）。EBPM（エビデンス・ベースト・ポリシー・メイキング、証拠に基づく政策立案）の推進により、より付加価値を生み出すような支出に重点化するなど、歳出の効率化を徹底することはもちろん必要ですが、歳出削減だけでは財政収支の改善効果には限界があります。

政府による社会保障給付の中期見通しによると、高齢者人口がピークを迎える2040年の社会保障給付は190兆円まで増加する見通しです。2025年にはいわゆる「団塊の世代」の全員が後期高齢者である75歳以上となりますが、75歳以上になると１人当りの医療や介護費用が急増することが社会保障給付の増加につながると考えられます。2025〜2040年度には社会保障給付費が50兆円程度増加する計算であり、消費税率の引上げ幅を抑制する場合は社会保険料の大幅な引上げが必要になりますが、保険料のみでは負担が現役世代に集中してしまいます。一方で、仮に自己負担額を大幅に増やすとなると、そもそもの社会保障機能が阻害されるおそれもあります。

社会保障の受益と負担のあり方は、最後は国民の選択の問題であり、政府は「選択肢」を示しながら国民にていねいに説明する必要があるでしょう。社会保障の一定の質（給付）を維持しつつ、安定財源を確保するという観点からは、やはり消費税の増税をめぐる議論は避けて通れないと考えられます。

2020年の日本世論調査会の調査によれば、社会保障制度について「安心できない」「あまり安心できない」との回答が８割超にのぼっています。若者は将来自分が年金をそれほどもらえないのではないか、医療・介護の自己負担が大幅に増えるのではないかといった将来不安を抱えているのではないでしょうか。このような社会的課題は、個人単位で解決するには限界がありま

す。現役世代だけでなく、担税力のある高齢者を含めて国民負担を分かち合うための国民的な議論が不可欠でしょう。秩序あるかたちでの移民受入れ拡大等の取組みも進めつつ、消費税増税により高齢者にも相応の負担を求め、社会保障制度の持続可能性を高めることが、若者の将来不安の解消にもつながる可能性があります。

　もちろん、将来不安の解消のためには、財政・社会保障制度の持続可能性を確保することに加え、新NISA（少額投資非課税制度）等による資産形成の促進、健康寿命の延伸・リスキリングによる高齢労働者の活用、リモートワークの進展等による育児しながら働ける環境の整備など、家計の可処分所得の引上げに向けた取組みを促進することも重要です。若年世代を中心とした所得の向上は少子化の改善にもつながり、長い目でみれば財政・社会保障制度の持続可能性を高めることにも寄与するでしょう。消費税増税については、経済への急激な影響を回避する観点からは、税率を段階的に小刻みに引き上げていくことも選択肢であると考えられます（複数年ごとに１％前後の増税を行う等）。

5　景気拡大を伴わない「悪い金利上昇」のリスクも

　本書で想定した金利上昇は、潜在成長率の上昇を伴うかたちでの経済拡大、安定的・持続的な賃金・物価上昇が実現すると想定した「よい金利上昇」です。ここまで述べてきたように、こうした「よい金利上昇」を仮定した「金利のある世界」においても、相当の財政改善努力が必要になる可能性が高いと考えられます。さらに、たとえば景気の回復力が弱いなかで、財政不安が拡大して日本国債のリスクプレミアムが上昇するといった「悪い金利上昇」が起こってしまった場合、日本経済に対するネガティブな影響はより大きくなるでしょう。

　こうした「悪い金利上昇」は2010年前後に発生した欧州の債務危機に近いイメージですが、日本の場合は過剰ともいえる貯蓄が国内に滞留し、世界最

大の対外純資産国でもあるという点で欧州とは大きく事情が異なります。資金調達を海外に依存していないため、ギリシャのような財政危機に陥るリスクは現時点では小さいでしょう。しかし、中期的に高齢化のもとで家計貯蓄が減少し、産業競争力の低下等で経常収支が赤字に転じれば、いずれ資金調達を海外に依存せざるをえなくなる可能性も否定はできません。実際、2010年代以後、生産拠点の海外シフト等に伴い、日本はかつてのように貿易黒字を稼げる国ではなくなってきています。さらに、近年は通信・コンピュータ・情報サービスや研究開発・コンサルティングなど、いわゆる知識集約型産業を中心に海外からのサービス輸入も拡大傾向で推移しています。人手不足でインバウンド需要を十分取り込めず、サービス輸出が伸び悩む一方、IT投資の増加等に伴いデジタル関連のサービス輸入が増加すれば、サービス収支の赤字が拡大していく可能性も考えられます。

　また、これまでは家計（・企業）部門の貯蓄が政府部門の赤字を補填する（家計の預貯金が金融機関・日本銀行を通じて国債購入に回る）構造が「均衡」状態として継続してきましたが、「貯蓄から投資へ」の動きが進展するなかで、家計が金融資産を現預金から有価証券等のリスク資産に振り向ける動きが加速した場合、国債安定消化に対する懸念が高まれば金利が急激に上昇してしまうリスクも考えられます。昨今の物価高・円安を受けて現預金・円建て資産に偏った資産保有のリスクが意識されたことで、今後、本書の想定以上に急速なペースでリスク資産・外貨建て資産への資産シフトが起こる可能性も否定はできないでしょう（ある種の「キャピタルフライト」が起こる可能性があると言い換えてもよいかもしれません）。国債安定消化への懸念が高まれば、金利が急激に上昇してしまうリスクも皆無ではありません。

　日本銀行の国債保有比率が低下する一方で中期的に国債の海外保有比率が高まれば、財政の信任低下と相まってリスクプレミアムの上昇要因となる可能性もあります。本書では、第4章第2節で述べるように、日本銀行のバランスシート縮小の大部分が金融機関（特に生損保）の国債保有増で穴埋めされると想定していますが、海外保有比率が本書の想定を上回って上昇する可

能性も十分に考えられます。国債保有者分散の観点で国債管理政策に利する面がある一方、日本国債のホームバイアスが縮小し、グローバルに分散投資する海外投資家の保有比率が大きく上昇した場合、より高いプレミアムを要求されやすくなり、国債市場の変動が大きくなるリスクがある点には留意が必要です。中期的な財政運営を考えるうえでは、こうした「悪い金利上昇」のリスクにも目配りする必要があり、海外投資家等からみた財政に対する信任の確保がいっそう重要になるでしょう。

　これまで低金利環境が長く続いたことで、金利上昇による利払費の急増リスクは社会全体で真剣に議論されてこなかった面があります。しかし、いよいよ「金利のある世界」の到来が現実味を増し、「悪い金利上昇」が発生するリスクも考えれば、いまから金利上昇リスクに備えておくことはやはり必要であると考えられます。

　問題が顕在化する前にリスク発生時の対応を検討しておくことがリスク管理の要諦です。前述したとおり、金利の上昇幅が低いうちに、あるいは国債残高対GDP比の水準が少しでも低いうちに財政健全化を進めたほうが、結果的に増税等による国民の「痛み」を小さくできる可能性が高まります。本格的に金利上昇の動きが出てきたような場合に遅滞なく財政赤字の縮小ペースを早められるよう、具体的な増税・歳出カットの方法を含めあらかじめルール化しておくことも選択肢でしょう。

〈参考文献〉
オリヴィエ・ブランシャール（2023）『21世紀の財政政策～低金利・高債務下の正しい経済戦略～』、田代毅訳、日本経済新聞出版、2023年3月17日
島澤諭（2023）『教養としての財政問題』、ウェッジ、2023年5月19日

第4章

金融機関へのインパクト

第3章では、「金利のある世界」の実現によって日本の企業、家計、政府に生じる影響をシミュレーションしました。企業と家計では、全体としてみれば「金利のある世界」でプラスの影響が生じるとの結果になりましたが、細かな属性別にみると金利上昇によるデメリットを大きく受けるセクターも存在することがわかりました。また、政府では利払い負担の急増が見込まれ、財政健全化を進める必要があることが確認できました。

　しかし、日本経済は企業、家計、政府だけで成り立っているわけではありません。これら実体経済3部門の活動を裏側で支えているのが金融機関です。「金融」とは文字どおり、お金を余っているところから足りないところへ融通することであり、企業の資金調達、家計の預金や住宅ローン借入れ、政府の国債発行など、金融が果たす役割は多岐にわたります。こうした機能を担う金融機関への影響を分析することではじめて「金利のある世界」が一つのシナリオとして完結することになります。

　第4章では、「金利のある世界」が実現すると、金融機関、特に銀行にどのような影響が生じるかシミュレーションを行います。

　第1節では、金融機関への影響を分析する土台として企業、家計、政府の資金過不足（貯蓄投資バランス）を試算します。資金過不足は、一定期間における経済活動の結果、各部門で資金が余るか足りないかを表す指標です。資金過不足の動きをみることで、実体経済の資金運用・調達ニーズを把握することができます。

　第2節では、金融機関への影響を試算するうえで前提になる、日本銀行のバランスシート運営について試算を行います。2013年以後のいわゆる「異次元緩和」で大幅にふくらんだ日本銀行のバランスシートがどの程度のペースで縮小するかが、金融機関の経営に大きく影響します。

　これらの想定をふまえ、第3節で「金利のある世界」における銀行への影響を試算します。実体経済の資金過不足に基づく預金・貸出の動向や金利上昇による利息収支の規模をもとに、銀行のバランスシートと収益がどのように変化するか、シミュレーションで明らかにします。

企業、家計、政府の資金運用・調達ニーズ

第1節では、「金利のある世界」における実体経済3部門（企業、家計、政府)[1]の資金過不足（貯蓄投資バランス）を試算します。まず、資金過不足の概念や意味、具体的な計算方法について解説します。そして、これまでの資金過不足の推移を振り返ったうえで、「金利のある世界」が実現すると企業、家計、政府の資金過不足がどのように変化するか試算を行います。

1 資金過不足とは何か

資金過不足の考え方

資金過不足は、ある一定期間における所得、支出、資本形成といった経済活動の結果として、各部門で資金が余る（資金余剰）か足りない（資金不足）かを表す指標です。大まかにいうと、所得より支出や資本形成（設備投資等）が少なければ資金余剰に、所得より支出や資本形成が多ければ資金不足になります。

資金余剰部門では、余ったお金を現金・預金や有価証券のかたちで運用して金融資産を増やすか借入金等の返済に充てて負債を減らすため、金融資産が純増します。一方で資金不足部門では、金融資産を取り崩すか借入れ等の負債を増やして資金を調達する必要があるため、金融資産が純減します。こ

---

1 国内の実体経済（非金融）部門には企業（非金融法人企業）、家計（個人企業含む）、政府（国、地方、社会保障基金を合わせた一般政府）のほかに対家計民間非営利団体があります。対家計民間非営利団体は家計に対して非市場性の財・サービスを提供する非営利団体であり、具体的には私立学校、政治団体、労働組合、宗教団体等が含まれます。対家計民間非営利団体についても資金過不足のデータが公表されていますが、他部門に比べてプラス・マイナスの規模が小さいため、本書では省略しました。

のように、資金過不足は各部門の経済活動と金融取引、金融資産・負債残高のつながりを表す、重要な役割をもっています。

　また、資金過不足には、海外部門を含む経済全体でみると合計が常にゼロになる性質があります。ある部門の資金余剰（もしくは資金不足）は、必ず他の部門の資金不足（もしくは資金余剰）に対応しているためです。たとえばある年に家計が資金余剰になり、余ったお金で社債と国債を購入したとします（家計の金融資産残高が増加）。これを企業と政府の側からみると、同額の資金不足分をそれぞれ社債、国債の発行で調達したことになります（企業、政府の負債残高が増加）。これは海外部門についても同様で、たとえば日本から海外への輸出が輸入より多い場合や、日本が海外から受け取る利子・配当が支払より多い場合は、国内部門が資金余剰、海外部門が資金不足になります。こうした部門間の資金余剰・不足をすべて集めると、両者はバランスして合計がゼロになります[2]。

　なお、資金過不足は貯蓄投資バランス[3]と呼ばれることもあります。ここで「貯蓄」は所得から支出を差し引いた値、「投資」は資本形成を意味します。貯蓄と投資の差額がプラスであれば貯蓄超過といい、これは資金過不足における資金余剰に対応します。一方、貯蓄と投資の差額がマイナスであれば投資超過といい、これは資金過不足における資金不足に対応します。したがって、資金過不足と貯蓄投資バランスは、同じ現象について資金過不足が金融面からみたもの、貯蓄投資バランスが経済活動の面からみたものということができるでしょう。

2　国民経済計算では国内部門として非金融法人企業、金融機関、一般政府、家計（個人企業を含む）、対家計民間非営利団体の5部門のデータが公表されています。これら国内部門全体の資金過不足と海外部門の資金過不足を合計すると、概念上必ずゼロになります（ただし、実際のデータでは統計上の誤差（不突合）が発生します）。また、国内部門全体の資金過不足は国際収支統計における経常収支（財・サービスの純輸出額、海外からの利子・配当金等の純受取額、対価を伴わない資産移転の純受取額の合計）と概念上一致します。

3　貯蓄投資バランスは、貯蓄（saving）と投資（investment）との頭文字をとってISバランスとも呼ばれます。なお、国民経済計算では貯蓄投資バランスを「純貸出（＋）／純借入（－）」と記載しています。

以下では、日本経済の全体像を把握する統計である国民経済計算（System of National Accounts、SNA）を用いて、2022年度における企業、家計、政府の資金過不足がどのように計算されるか、やや専門的な内容になりますが、順を追って確認しましょう。

資金過不足の計算：企業

　まず、企業の資金過不足の計算方法を確認します。ここでいう企業とは、厳密には金融機関と個人企業（いわゆる自営業）を除いた非金融法人企業を指します。非金融法人企業には、民間の営利社団法人（株式会社、合名会社、合資会社、合同会社）や医療法人に加えて、地方自治体が運営する上下水道、病院、介護サービス等の公営事業や、特殊法人、認可法人、独立行政法人、地方独立行政法人といった公的企業の一部も含まれます。

　図表4－1－1は、非金融法人企業の資金過不足の計算過程を国民経済計算（年次推計）の所得支出勘定[4]、資本勘定、金融勘定の順に示したものです。

　所得支出勘定は、企業の生産活動の結果や税・移転による再分配の動きを受取・支払別に表しています。受取側では、国内の生産活動で得る本業の儲けである「営業余剰[5]」と、金融資産や海外直接投資先から得る利子・配当金等を含む「財産所得（受取）」が、それぞれ約40兆円あることが確認できます。一方、支払側では、借入金の利払いや株主への配当金支払を含む「財産所得（支払）」が41.8兆円、法人税等の「所得・富等に課される経常税」が27.2兆円計上されています。これに保険料や補助金等の「その他の経常移転」を合わせると、所得支出勘定全体では受取と支払の差額が＋12.8兆円になり、この金額が企業の貯蓄として残ることが確認できます。

4　国民経済計算では所得支出勘定を各部門が生産活動に参加した結果発生する各種所得を表す「第1次所得の配分勘定」、税や社会保険、移転等による所得の再分配を表す「所得の第2次分配勘定」、再分配後の可処分所得と、家計や政府の最終的な消費支出を表す「所得の使用勘定」の三つに分けて公表していますが、本書では簡易的にそれらをひとまとめにして図示しました。

5　営業余剰は固定資本減耗を控除した後の純額を示しています。

図表 4 - 1 - 1　非金融法人企業の資金過不足（2022年度、兆円）

		項目	内容	金額
所得支出勘定	受取側	営業余剰	国内の企業活動からもたらされる利益（営業利益に相当）	39.6
		財産所得（受取）	利子、配当、賃貸料等の受取	39.7
		その他の経常移転（受取）	損害保険の保険金、政府の補助金・給付金等	11.6
	支払側	財産所得（支払）	利子、配当、賃貸料等の支払	41.8
		所得・富等に課される経常税	法人税、法人事業税・住民税等	27.2
		その他の経常移転（支払）	損害保険の保険料、寄付金、罰金等	9.1
		貯蓄		12.8
資本勘定	調達側	貯蓄		12.8
		資本移転（受取）	政府の投資補助金・助成金、債務免除等	4.3
		（控除）資本移転（支払）	海外への資本移転等	0.7
	蓄積側	総固定資本形成	設備・ソフトウェア投資、研究・開発等	99.8
		（控除）固定資本減耗	減価償却、火災・風水害・事故等による減失	93.7
		在庫変動		3.6
		土地の購入（純）	土地購入額と売却額の差	4.6
		貯蓄投資バランス		2.1
金融勘定	負債側	資金過不足	貯蓄投資バランスと同義（誤差あり）	2.6
		金融負債の変動		29.3
	資産側	金融資産の変動		31.8

（注1）　貯蓄は固定資本減耗を控除した後の純額。
（注2）　2022年度国民経済計算年次推計に基づく値であり、今後改定される可能性がある。
（出所）　内閣府「国民経済計算年次推計」より、みずほリサーチ＆テクノロジーズ作成。

貯蓄は、次の資本勘定において調達側に繰り入れられ、資本形成の一部に充てられます。ここでいう資本形成は、設備投資等によって2022年度に国内で新たに追加された「総固定資本形成」（99.8兆円）から、同年度の償却・滅失分を表す「固定資本減耗」（93.7兆円）を控除した純投資額であり、資本勘定の蓄積側にその動きが示されています。そのほかに調達側の「資本移転」、蓄積側の「在庫変動」や「土地の購入」を加えると、資本勘定全体の調達・蓄積の差額として、貯蓄投資バランスが＋2.1兆円と計算されます。すなわち、非金融法人企業は、2022年度における経済活動（所得、支出、資本形成）の結果、2.1兆円の貯蓄超過（資金余剰）になったということです。

　こうした経済活動の背後にある金融取引の動きを表すのが金融勘定です。経済活動にはそれに見合った金融取引が伴うため、上述したとおり資本勘定の貯蓄投資バランスと金融勘定の資金過不足は概念上一致します。ただし、公表されるデータでは資本勘定と金融勘定がそれぞれ別の基礎統計から推計されるため、誤差（不突合）が発生します。実際、金融勘定における2022年度の資金過不足は＋2.6兆円であり、資金余剰である点は同じですが、金額は資本勘定の貯蓄投資バランス（＋2.1兆円）とややズレが生じています。

　資金過不足のプラス（資金余剰）は、経済活動の結果として、資金の受取が支払を上回ったことを意味します。すると、上回った分だけ金融資産が純増します。金融勘定をみると、非金融法人企業では2022年度に金融資産が31.8兆円増加した一方、金融負債は29.3兆円の増加にとどまり、たしかに金融資産の増加幅のほうが大きいことが確認できます。図表４－１－１には金融資産の詳細を示していませんが、2022年度は預金や企業間・貿易信用、直接投資が増えており、企業は余った資金をこうした資産の一部に充てていることがうかがえます。

資金過不足の計算：家計

　次に、家計の資金過不足の詳細を確認します。国民経済計算における家計には、一般的にイメージされる労働者・消費者としての家計のほかに、個人企業（非法人企業、いわゆる自営業）と、みなし産業としての持ち家産業が

含まれます。持ち家産業とは、住宅の自己所有者が、自ら住宅投資を行って自らに貸す不動産業（住宅賃貸業）を営んでいるとみなし、その経済活動を記録する項目です。

　図表4－1－2をみると、家計の所得支出勘定の受取側では賃金等の「雇用者報酬」が296.4兆円と最も多く、家計の受取の大部分が労働所得で構成されていることがわかります。また、高齢化の進展に伴い年金給付等の「現物社会移転以外の社会給付」が82.6兆円と雇用者報酬に次ぐ規模になっています。個人企業の利益が計上される「混合所得」は9.1兆円と、自営業の減少によって近年規模が縮小しています。一方、支払側では、所得税や住民税等の「所得・富等に課される経常税」（33.7兆円）、社会保険料等の「純社会負担」（88.0兆円）、そして、いわゆる家計の消費である「最終消費支出」（307.9兆円）が主な項目として計上されています[6]。そのほかの項目も含めると、所得支出勘定全体では受取と支払の差額が＋5.5兆円になり、この金額が家計の貯蓄として残ることが確認できます。

　プラスの貯蓄が資本勘定の調達側に繰り入れられ、資本形成の一部に充てられる点は企業と同様ですが、家計では蓄積側で住宅投資等の「総固定資本形成」（20.9兆円）を減耗・滅失等の「固定資本減耗」（26.0兆円）が上回り、純投資額がマイナスになる点が企業と異なります。また、「土地の購入」も購入額を売却額が上回ってマイナスになっています。これら蓄積側のマイナスの値は、実際にはその分だけ資金が余ることを意味します。その結果、資本勘定全体で調達・蓄積の差額として計算される貯蓄投資バランスは＋13.7兆円になり、家計が大幅な貯蓄超過（資金余剰）状態にあることを表しています。

　金融勘定において貯蓄投資バランスに対応する資金過不足も、多少の誤差はありますが、＋12.1兆円と大幅な資金余剰になっています。家計はこうした余剰資金を主に預金や株式・投資信託に充当しており、家計金融資産が堅

6　消費税額は最終消費支出に含まれています。

図表４－１－２　家計の資金過不足（2022年度、兆円）

		項目	内容	金額
所得支出勘定	受取側	営業余剰	持ち家産業（みなし産業）の利益	18.5
		混合所得	個人企業の利益（個人事業主の労働所得）	9.1
		雇用者報酬	賃金・俸給、健康保険・厚生年金等の雇主負担金	296.4
		財産所得（受取）	利子、配当、投資所得、賃貸料等の受取	29.2
		現物社会移転以外の社会給付	年金、雇用保険、児童手当等の現金給付	82.6
		その他の経常移転（受取）	火災・損害保険の保険金、政府の給付金等	16.9
		年金受給権の変動調整	企業年金・退職一時金の給付・負担の差額	▲0.9
	支払側	財産所得（支払）	利子、賃貸料等の支払	1.3
		所得・富等に課される経常税	所得税、住民税	33.7
		純社会負担	健康保険・厚生年金等の雇主・家計負担金	88.0
		その他の経常移転（支払）	住宅ローン保証料、火災・損害保険の保険料等	15.6
		最終消費支出	新規の財・サービスに対する支出（除く建物・土地）	307.9
		貯蓄		5.5
資本勘定	調達側	貯蓄		5.5
		資本移転（受取）	金融機関からの過払金返還等	1.0
		（控除）資本移転（支払）	贈与税、相続税等	3.3
	蓄積側	総固定資本形成	住宅投資等	20.9
		（控除）固定資本減耗	減価償却、火災・風水害・事故等による滅失	26.0
		在庫変動		0.1
		土地の購入（純）	土地購入額と売却額の差	▲5.5
		貯蓄投資バランス		13.7
金融勘定	負債側	資金過不足	貯蓄投資バランスと同義（誤差あり）	12.1
		金融負債の変動		8.3
	資産側	金融資産の変動		20.4

（注１）　貯蓄は固定資本減耗を控除した後の純額。
（注２）　2022年度国民経済計算年次推計に基づく値であり、今後改定される可能性がある。
（出所）　内閣府「国民経済計算年次推計」より、みずほリサーチ＆テクノロジーズ作成。

調に増加する背景になっています。

資金過不足の計算：政府

　最後に、政府の資金過不足をみましょう。国民経済計算における政府は、厳密には一般政府と呼ばれ、中央政府（国）、地方政府（地方自治体）、社会保障基金で構成されます。社会保障基金には、国の年金特別会計や労働保険特別会計、地方自治体の国民健康保険事業や介護保険事業、特殊法人の日本年金機構、年金積立金管理運用独立行政法人（GPIF）、共済組合等が含まれています。

　政府の所得支出勘定では、消費税等の「生産・輸入品に課される税」（53.2兆円）、法人税・所得税等の「所得・富等に課される経常税」（66.8兆円）、社会保険料等の「純社会保険」（77.7兆円）が受取側の大部分を構成しています（図表4－1－3）。「その他の経常移転」も88.4兆円と規模が大きくなっていますが、これには地方交付税交付金や社会保障の国庫負担金といった一般政府内の移転が含まれるため、支払側の「その他の経常移転」（105.4兆円）で大部分が相殺されます。支払側では、公務員給与や医療・介護等の公費負担分である「最終消費支出」（122.1兆円）、年金給付等の「現物社会移転以外の社会給付」（70.9兆円）が規模の大きな項目です。国債等の政府債務の利払費は「財産所得（支払）」に含まれますが、2022年度時点では低金利環境のもとで8.2兆円と小規模にとどまっています。それでも、社会保障負担の重さを反映し、所得支出勘定全体では受取と支払の差額（貯蓄）が▲18.3兆円と、この時点ですでに資金が不足していることが確認できます。

　資本勘定では、調達側において公共投資等の「総固定資本形成」（22.0兆円）が減耗・減失分の「固定資本減耗」（21.0兆円）を上回って純投資額がプラスであるほか、土地の購入（0.9兆円）も購入額が売却額を上回ってプラスの値になっています。その結果、資本勘定全体で調達・蓄積の差額として計算される貯蓄投資バランスは▲20.2兆円と、政府の資金不足の規模が所得支出勘定から一段と拡大していることがわかります。

　金融勘定において貯蓄投資バランスに対応する資金過不足も、▲17.9兆円

図表４－１－３　一般政府の資金過不足（2022年度、兆円）

		項目	内容	金額
所得支出勘定	受取側	生産・輸入品に課される税	消費税、関税、酒税、たばこ税、揮発油税等	53.2
		（控除）補助金（支払）	企業向け補助金	7.0
		財産所得（受取）	利子、配当、投資所得、賃貸料等の受取	9.2
		所得・富等に課される経常税	法人税、事業税、所得税、住民税等	66.8
		純社会負担（受取）	健康保険・厚生年金等の雇主・家計負担金	77.7
		その他の経常移転（受取）	地方交付税交付金、社会保障国庫負担金等	88.4
	支払側	財産所得（支払）	利子、賃貸料等の支払	8.2
		現物社会移転以外の社会給付	年金、雇用保険、児童手当等の現金給付	70.9
		その他の経常移転（支払）	地方交付税交付金、社会保障国庫負担金、給付金等	105.4
		最終消費支出	公務員給与、公的サービス費用等	122.1
		貯蓄		▲18.3
資本勘定	調達側	貯蓄		▲18.3
		資本移転（受取）	贈与税、相続税等	4.3
		（控除）資本移転（支払）	企業向け投資補助金、公共事業国庫負担金等	4.4
	蓄積側	総固定資本形成	公共投資、設備・ソフトウェア投資、研究・開発等	22.0
		（控除）固定資本減耗	減価償却、火災・風水害・事故等による減失	21.0
		在庫変動	政府保有の食料・鉱物性燃料等の増減	▲0.1
		土地の購入（純）	土地購入額と売却額の差	0.9
		貯蓄投資バランス		▲20.2
金融勘定	負債側	資金過不足	貯蓄投資バランスと同義（誤差あり）	▲17.9
		金融負債の変動		31.2
	資産側	金融資産の変動		13.3

（注１）　貯蓄は固定資本減耗を控除した後の純額。
（注２）　2022年度国民経済計算年次推計に基づく値であり、今後改定される可能性がある。
（出所）　内閣府「国民経済計算年次推計」より、みずほリサーチ＆テクノロジーズ作成。

と大幅な資金不足になっています。これを一般政府内の部門別にみると、地方政府（＋4.3兆円）と社会保障基金（＋7.3兆円）は資金余剰状態にある一方、中央政府が▲29.5兆円と巨額の資金不足を計上しています。中央政府は不足した資金を主に国債発行で調達しており、第3章第4節でみたように国債残高が増加する原因になっています。

2　資金過不足の過去の推移と「金利のある世界」における試算

　ここまで、資金過不足の考え方や計算方法、2022年度時点の規模について確認してきました。次に、日本のこれまでの資金過不足の推移を振り返ったうえで、今後「金利のある世界」が実現した場合に資金過不足がどのように変化すると考えられるか、みていきましょう。

　図表4－1－4は、企業、家計、政府について1980年度以後の資金過不足の推移を示したものです。過去の実績をみると、部門ごとに多少違いはありますが、バブルが崩壊して経済が停滞し始めた1990年代を境に資金過不足の水準が大きく変化していることが確認できます。以下、企業、家計、政府それぞれについて、過去の資金過不足の変動要因と「金利のある世界」における想定について確認します。

企業：資金余剰が続いたが、「金利のある世界」では資金不足に転換へ

　非金融法人企業は、1980年代を通じて資金不足（投資超過）が続き、特に1980年代末にはバブル経済で投資が急増したため、資金不足幅が一段と拡大しました。一方、バブル崩壊後は投資の急減を受けて資金不足幅が縮小し、1990年代後半には資金余剰（貯蓄超過）に転換、その後2010年代半ばに至るまで、GDP対比で＋5％近い大幅な資金余剰が続きました。国内経済の低迷を背景に企業が投資を抑制して債務返済を優先したことや、企業の海外進出に伴い海外子会社からの収益受取が順調に増加したこと等が、資金余剰状態が継続した背景にあると考えられます。

図表 4 − 1 − 4　家計・企業・政府の資金過不足

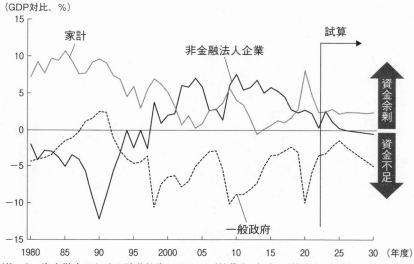

（注1）　資本勘定における貯蓄投資バランス（純貸出（＋）／純借入（−））の値。
（注2）　1993年度以前は平成12年基準（1993SNA）、1994年度以後は平成27年基準
　　　　（2008SNA）。
（出所）　内閣府「国民経済計算年次推計」より、みずほリサーチ＆テクノロジーズ作成。

　一般的に、企業は外部から資金を調達して設備投資を実施し生産活動を行うことから、資金不足（投資超過）であることが自然な姿であると考えられます（鶴ほか（2019））。しかし、日本では1990年代後半から約20年にわたって大幅な資金余剰の状態が続きました。他の主要先進国と比較しても日本の企業部門の資金余剰幅は突出して大きく、異例の現象であるといえます（図表4−1−5）。

　図表4−1−4で2010年代後半の動きをみると、設備投資が緩やかに拡大したことを受けて、資金余剰幅が徐々に縮小しました。さらに、新型コロナウイルス感染症の流行による業績の悪化から、2022年度には企業の資金余剰幅がGDP対比で＋0.4％まで縮小しています[7]。

　今後「金利のある世界」が実現すると、第3章第2節で分析したように、

図表 4 － 1 － 5　企業（金融機関含む）の資金過不足の国際比較

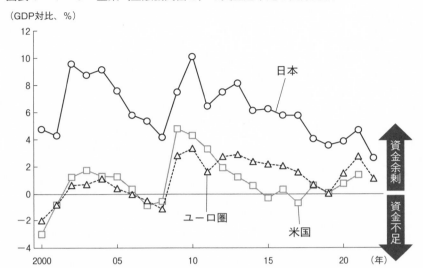

（注）　金融機関を含むため、日本の値は図表 4 － 1 － 4 の非金融法人企業と異なる。
（出所）　OECD.Statより、みずほリサーチ＆テクノロジーズ作成。

企業部門では利益が順調に拡大すると考えられます。一方、設備投資も堅調に拡大するとみられることから、資金余剰幅が徐々に縮小し、2020年代終盤には小幅ながら資金不足に転じると見込まれます。企業部門が資金不足に転換するとなれば、1990年代後半以来約30年ぶりの出来事であり、日本経済にとって大きな変化であるといえるでしょう。

　企業部門の資金不足は、外部資金の調達ニーズが再び活発化することを意味します。具体的には金融機関からの借入れや社債・株式の発行が増加するでしょう。こうした企業の資金不足による資金調達ニーズの拡大が「金利のある世界」における金融機関の業績に大きな影響を及ぼすといえそうです。

家計：資金余剰幅が徐々に縮小。先行きは小幅な資金余剰を維持

　家計は、1980年代にGDP対比で10％近い大幅な資金余剰（貯蓄超過）状

7　2022年度国民経済計算年次推計に基づく値であり、今後改定される可能性があります。

態にありましたが、1990年代に資金余剰幅が徐々に縮小しました（図表4－1－4）。その背景には高齢化の進展による人口構成の変化、高齢世帯における資金余剰の縮小があると考えられます。

　一般的に、人々は勤労する現役のうちに貯蓄して資産を蓄え（資金余剰）、退職後は資産を取り崩して生活する（資金不足）と考えられます。すると、少子高齢化に伴って現役世帯が減り高齢世帯が増えることで、家計全体の資金過不足が徐々に資金余剰から資金不足にシフトすることになります。

　日本では、高齢世帯の資金余剰幅が現役世帯に比べて小さいだけでなく、1990年代以後に一段と縮小しました。高齢世帯では、所得がおおむね横ばい基調であった一方で消費が増加を続けたことから、資金余剰幅が縮小したと考えられます（鶴ほか（2019）[8]）。

　2000年代以後は家計全体の資金余剰幅の縮小傾向がとまり、多少の変動はあるものの、コロナ禍前にかけて平均してGDP対比＋2％程度の小幅な資金余剰が継続しています。上記の二つの要因（高齢化と高齢世帯の資金余剰縮小）にもかかわらず家計の資金余剰の縮小が一段と進まなかったのは、現役世帯の資金余剰幅が拡大したためと考えられます。現役世代は日本経済が低調ななかで生涯賃金が伸び悩むことを意識し、先行きへの不安から所得の一部を資産として貯め込む動きが強まったとみられます（鶴ほか（2019））。このように考えると、2000年代以後の家計の資金余剰は、家計に余裕があったというよりも、消費を切り詰めてなんとか貯蓄の原資をねん出した結果であるといえるでしょう。

　なお、コロナ禍では感染拡大や緊急事態宣言の発出に伴って家計の消費が急減した一方、特別定額給付金等の家計向け現金給付が行われたことで、家計の資金余剰幅は2020年度にGDP対比＋8.1％と大幅に拡大しました。ただし、2022年度には資金余剰幅が同＋2.4％まで再び縮小しており、コロナ禍における一時的な動きを除けば、家計の資金過不足の趨勢は変化していない

8　鶴ほか（2019）ではこの点について「資金余剰幅の縮小」ではなく「貯蓄率（貯蓄÷可処分所得）の低下」と表現しています。

と考えられます。

　こうした状況で今後「金利のある世界」が実現すると、家計の資金過不足にはどのような影響が生じるでしょうか。結論からいえば、2000年代以後と同様にGDP対比＋２％程度の小幅な資金余剰状態が続くと考えられます。

　しかし、その内容はこれまでと大きく異なります。「金利のある世界」では日本経済が潜在成長率の高まりを伴いながら拡大を続ける姿を想定しており、家計の所得が堅調に増加するもとで消費も伸びていくと想定されます。第３章第３節で試算したように、家計金融資産から得られる利息・配当収入の増加も、所得を一段と押し上げるでしょう。すなわち、将来不安が和らぎ無理のない範囲で消費が増え、その結果として自然体で資金が余るのが、「金利のある世界」における家計の姿として想定されるということです。

政府：利払費の増加で資金不足幅が拡大する見込み

　一般政府は、1980年代終盤から1990年代初頭にかけてバブル経済の好景気のもとで税収が増加し、一時的に資金余剰になりました（図表４－１－４）。しかし、バブルが崩壊した1990年代前半に再び資金不足に転換し、経済の低迷に伴って税収が減少したこと、数度にわたる経済対策で歳出が増加したことから、1990年代後半にかけて資金不足幅が一段と拡大しました[9]。

　その後は、消費税率の段階的な引上げ（1997年：５％、2014年：８％、2019年：10％）や、2000年代の小泉政権、2010年代の安倍政権における歳出抑制の取組み（図表４－１－６）により、2000年代と2010年代には政府の資金不足幅が縮小しました。しかし、2000年代後半にはリーマンショック、2020年代初頭にはコロナ禍が起こったことで、景気後退が深刻化して大規模な財政出動を余儀なくされ、財政健全化に向けた動きは２度にわたり頓挫しました。さらに、この間に一段と進行した高齢化による社会保障費の増加も相まって、政府は大幅な資金不足が定着しています。

9　なお、1998年度は資金不足幅がGDP対比▲10.6％と大幅に拡大しましたが、これには国鉄清算事業団、国有林野事業特別会計から一般会計への債務継承（27兆円）による一般政府から非金融法人企業への資本移転の影響が現れています（鶴ほか（2019））。

図表４－１－６　国の歳出と税収

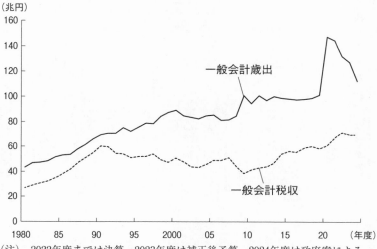

（兆円）

（注）　2022年度までは決算、2023年度は補正後予算、2024年度は政府案による。
（出所）　財務省より、みずほリサーチ＆テクノロジーズ作成。

　先行きについては、コロナ禍やその後の物価高への対応として講じられた
大規模な経済対策による歳出増が一巡することで、政府の資金不足幅がいっ
たん縮小するとみられます。一方、第３章第４節でみたように、「金利のあ
る世界」が実現すると長期金利が上昇するため、中央政府の国債利払費が
2020年代終盤にかけて急増し、資金不足幅が再び拡大していくでしょう。

国内非金融部門全体で資金不足に

　これら実体経済３部門の資金過不足を合計したものが図表４－１－７で
す。国内非金融部門全体の資金過不足は1980年代以後プラス・マイナス圏を
行き来していますが、平均するとGDP対比＋１％強の小幅な資金余剰状態
にありました。今後「金利のある世界」が実現した場合は、企業の資金余剰
が資金不足に転換すること、政府の資金不足幅が拡大することを受けて、国
内非金融部門の資金過不足が2030年度にかけてGDP対比▲２％台後半に低
下し、資金不足幅が拡大していくと考えられます。

図表４－１－７　国内非金融部門の資金過不足

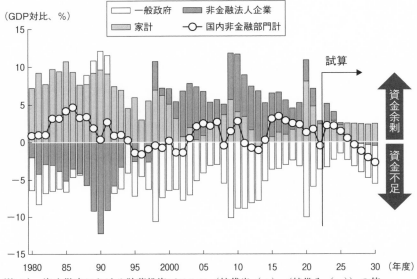

（注１）　資本勘定における貯蓄投資バランス（純貸出（＋）／純借入（－））の値。
（注２）　1993年度以前は平成12年基準（1993SNA）、1994年度以後は平成27年基準（2008SNA）。
（出所）　内閣府「国民経済計算年次推計」より、みずほリサーチ＆テクノロジーズ作成。

　国内非金融部門の資金不足の拡大は、主に企業の外部資金調達ニーズの高まりと中央政府の国債発行の増加を通じて、金融面に影響するでしょう。次の第２節、第３節では、こうした実体経済の動きをふまえて、日本銀行のバランスシートや、銀行の収益への影響をシミュレーションしていきます。

〈参考文献〉

後藤康雄（2013）「我が国企業部門のISバランスについて」、参議院、経済のプリズムNo.115、2013年７月

佐々木浩二（2021）『マクロ経済の統計―はじめてのSNA―』、三恵社

鶴光太郎・前田佐恵子・村田啓子（2019）『日本経済のマクロ分析―低温経済のパズルを解く―』、日本経済新聞出版

内閣府（2022）「令和４年度　年次経済財政報告」

深尾光洋（2010）「金融、資金過不足と国際収支」、慶應義塾大学出版会、三田商学研究Vol.52、No.6（2010.2）、p.29-36

第2節 異次元緩和で拡大した日本銀行のバランスシートの行方

本章では、「金利のある世界」における金融面のシミュレーションを行うにあたり、まず第1節で企業、家計、政府の資金運用・調達ニーズを確認しました。続いて本節では、2013年に始まったいわゆる「異次元緩和」で大幅にふくらんだ日本銀行のバランスシートが「金利のある世界」でどのように変化するか試算します。最初に、バブル崩壊以後の金融政策について振り返った後、利上げ局面における日本銀行のバランスシートと財務の関係について確認します。そのうえで、一定の前提を置き「金利のある世界」における日本銀行のバランスシートと損益についてシミュレーションを行います。

1 日本銀行の金融政策・バランスシートの変遷を振り返る

バブル崩壊から異次元緩和直前まで（1990〜2012年）

1990年代前半のバブル崩壊以後、経済の低迷を受けて、日本銀行は短期金利の大幅な引下げによる金融緩和を行いました。特に、日本経済が深刻な不況に陥り、物価が持続的に下落するデフレ時代に突入した1990年代終盤には、日本銀行が政策金利（無担保コールレート翌日物）を0％まで引き下げ、いわゆる「ゼロ金利政策」を導入しました。

その後、2000年にはゼロ金利政策がいったん解除されますが、米国のITバブル崩壊や国内景気の悪化でデフレ懸念が強まると再び金融緩和が求められるようになりました。しかし、当時の短期金利は0.25％程度と引下げ余地が限定的であったため、日本銀行はゼロ金利政策の再開に加えて、短期金利以外の手段で追加的な金融緩和を行う必要に迫られました。

そこで2001年3月に導入されたのが「量的緩和政策」（Quantitative

Easing、QE）です。QEでは金融市場調節の主たる操作目標がそれまでの無担保コールレート翌日物から日銀当座預金（日本銀行が取引先の金融機関等から受け入れる当座預金）の残高に変更されました。これは、金融政策の手段が短期金利の上げ下げから貨幣供給量（マネタリーベース＝現金通貨＋日銀当座預金）の増減に移ったことを意味します。こうした政策は、短期金利を操作する「伝統的な金融政策」と対比して「非伝統的な金融政策」と呼ばれています。

QE開始当初の目標は日銀当座預金残高を当時の実績の約4兆円から5兆円程度に増額することとされましたが、その後段階的に引き上げられ、2004年には残高目標が30兆〜35兆円程度まで拡大しました。また、日銀当座預金残高を増やす手段として、日本銀行は金融機関からの長期国債買入額を月間4000億円から最終的に月間1.2兆円まで増やしました。こうしたQE実施の結果、日本銀行のバランスシートは資産側では長期国債保有残高が、負債側では日銀当座預金残高がそれぞれ拡大することになりました（図表4－2－1）。

2005〜2006年に景気が回復し、物価上昇率がプラスに転じたことを受け、2006年3月には操作目標が日銀当座預金残高から再び政策金利（無担保コールレート翌日物）に移り、QEが解除されました。日本銀行は、日銀当座預金残高を2006年半ばにかけて31兆円から16兆円へと急速に縮小させた後、同年7月に政策金利を0.25％に引き上げ、ゼロ金利政策も解除しました。2007年2月には0.5％へ追加利上げが行われています。

しかし、2000年代後半の利上げは短命に終わります。2008年9月に発生したリーマンショックを受けて、日本銀行は政策金利を0.1％へ引き下げたほか、資金供給の拡充によって金融市場の安定化を図りました。さらに、2010年10月には、欧州債務危機等による景気下振れリスクへの対応として、「包括的な金融緩和政策」（包括緩和）が導入されました。これにより日本銀行は、政策金利を0.0〜0.1％に引き下げて実質的にゼロ金利政策を復活させるとともに、国債やコマーシャルペーパー（CP）、上場投資信託（ETF）、不

図表 4 − 2 − 1　日本銀行のバランスシート

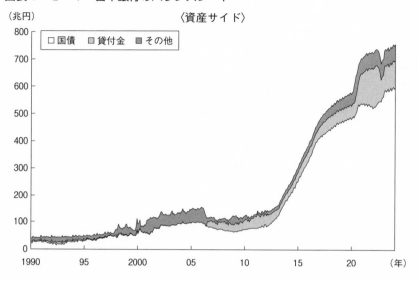

（兆円）　　　　　　　　　　　〈資産サイド〉

□国債　■貸付金　■その他

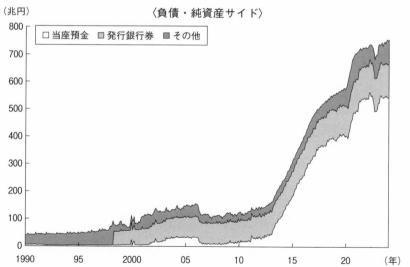

（兆円）　　　　　　　　　〈負債・純資産サイド〉

□当座預金　■発行銀行券　■その他

（注）　月末残高。国債は長期国債と短期国債の合計。発行銀行券はデータ入手可能な1998
　　　年4月以後。
（出所）　日本銀行「日本銀行勘定」より、みずほリサーチ＆テクノロジーズ作成。

動産投資信託（J-REIT）等の多様なリスク性資産を買い入れることになりました。こうした包括緩和における資産買入れも量的緩和政策（QE）の一種であり、長期金利やリスクプレミアムの低下を通じて追加的な金融緩和効果を引き出すねらいがありました。ただ、同時期に行われた米国連邦準備制度理事会（FRB）やイングランド銀行（BOE）のバランスシート拡大に比べると、包括緩和における日本銀行のバランスシート拡大ペースは緩やかなものにとどまりました。

10年超に及んだ異次元緩和（2013〜2024年）

　日本銀行のバランスシートが本格的に拡大し始めるのは、2013年1月に政府・日本銀行がデフレ脱却に向けた政策連携に関する共同声明を発表して2％の「物価安定の目標」を導入し、同年4月に黒田新総裁のもとで「量的・質的金融緩和」（Quantitative and Qualitative Monetary Easing、QQE）が開始されてからです。黒田総裁（当時）が「量・質ともに次元の違う金融緩和を行う」と説明したことから、QQEは「異次元緩和」とも呼ばれます。

　QQEでは操作目標が無担保コールレート翌日物からマネタリーベースに変わり、年間60兆〜70兆円のペースでマネタリーベース（現金通貨＋日銀当座預金）を増やして2％の物価安定の目標を2年間で達成する方針が示されました。マネタリーベースを拡大させる手段として、「量的」な面では長期国債買入額の大幅な増額（保有残高を年間50兆円増加。後に同80兆円へ拡大）が行われたほか、リスクプレミアムの低下を目的としてETFとJ-REITの買入拡大も実施されました。また「質的」な面では購入する長期国債の年限を長期化（3年弱から7年程度に長期化。後に7〜12年程度に延伸）し、タームプレミアムの低下を通じて長期金利の押下げが図られました。

　異次元緩和によって日本銀行のバランスシートは過去にない勢いで急速に拡大していきましたが、その思惑とは裏腹に2％の物価安定の目標を2年間で達成することはできませんでした。また、国債市場規模を考慮すると多額の国債買入れを継続するには限界がありました。

　そこで日本銀行は、日銀当座預金の一部に▲0.1％の金利を適用する「マ

イナス金利政策」を2016年1月に導入します。マイナス金利政策は、短期金利をいままで以上に引き下げることで、長期金利を含むさまざまな年限の金利を一段と抑制し、金融緩和を強化するねらいがありました。しかし、海外経済の悪化もあってマイナス金利導入後に円高・株安が進んだほか、日本銀行の想定以上に長期金利が低下して10年国債利回りまでも一時マイナスの値を付け、年金制度の持続性に不安が生じたことなどから、マイナス金利の深掘りによる異次元緩和の強化も困難な状況に陥りました。

　2016年9月、日本銀行は異次元緩和に関する「総括的な検証」を行い、金融緩和の方針を「強化」から「維持」へと大きく転換しました。このときに導入されたのが「長短金利操作（イールドカーブ・コントロール、YCC）付き量的・質的金融緩和」です。YCCでは、操作目標がそれまでのマネタリーベースから短期金利（日銀当座預金の一部に▲0.1％の金利を適用）と長期金利（10年国債金利を0％程度で推移[1]）に変更されました。これにより、日本銀行は金融緩和を継続するために必ずしも大量の国債買入れをし続ける必要がなくなり、バランスシートの拡大ペースも徐々に鈍化していきます。

　2020年以後は、コロナ禍における企業の資金繰り悪化に対応するために資金供給を行い、再び日本銀行のバランスシートが急拡大しますが、2022年頃には支援の一巡により横ばいに転じました。また、2022年後半にはYCC修正を見込んだ海外投資家による日本国債売りに対応するため、日本銀行が国債買入れを増やしバランスシートの規模が緩やかに拡大しています。

　2024年3月、日本銀行は植田総裁のもとでマイナス金利政策やYCCを撤

1　YCCにおける10年国債利回りの目標水準（0％程度）の具体的な幅は、導入から約2年後の2018年7月に「おおむね±0.1％の幅から、上下その倍程度」に拡大することが総裁記者会見で表明され、2021年3月には政策発表文において「±0.25％程度」と明確化されました。その後、2022年12月には変動幅が「±0.5％程度」に拡大し、2023年7月には植田新総裁のもとで変動幅が±0.5％を「目途」として柔軟化されたほか、実質的な上限が1.0％に設定されました。さらに2023年10月には1.0％を上限値の「目途」として1.0％超の水準も許容する姿勢が示され、長期金利の上限は事実上撤廃されました。

廃し、10年超に及んだ異次元緩和が終了しました。2023年に続いて2024年も春闘でしっかりとした賃上げがみられたことから、日本銀行は、賃金と物価の好循環の強まりを確認し、2％の「物価安定の目標」が持続的・安定的に実現していくことが見通せるようになったと説明しています。異次元緩和の終了に伴い、金融市場調節方針は「無担保コールレート翌日物を0～0.1％で推移するよう促す」とされ、あわせて日銀当座預金の一部に適用される金利が▲0.1％から＋0.1％に変更されました。

異次元緩和を経た日本銀行のバランスシート規模・構成

　2024年2月時点における日本銀行のバランスシートの規模は約760兆円と、異次元緩和前（2013年3月）の約165兆円に比べ、4.6倍に拡大しました（図表4－2－1）。

　バランスシートの資産サイドについてみると、QQEによる大量の買入れにより国債が約600兆円積み上がっています。また、コロナ禍における資金供給等で増加した貸付金（約100兆円）が国債に次いで資産サイドの主要な構成項目になっています。

　バランスシートの資産サイドに国債が積み上がった一方、裏側の負債・純資産サイドでは日銀当座預金が過半を占めるまで増加しました。QQEの実施とコロナ禍の資金供給により、2024年2月時点における日銀当座預金残高は約539兆円と、2013年3月時点の約58兆円に比べ9倍超に拡大しました。

2　「金利のある世界」で日本銀行の財務に生じる影響

　ここまで、バブル崩壊以後30余年にわたる日本銀行の金融政策・バランスシートの変遷を振り返りました。次に「金利のある世界」で日本銀行がとりうる金融政策の手段とその影響について整理します。

バランスシートが大規模な状態における金融引締め手段と課題

　第2章第2節でみたように、日本銀行は「金利のある世界」に移行する過程で政策金利の引上げを行い、「金利のある世界」に到達した後は、金融政

策を中立的な（緩和的でも引締め的でもない）状態に据え置くと考えられます。すると、これまで金融緩和のために行われてきた大量の国債買入れは原則として不要になり、買入れの停止もしくは買入額の（償還額を下回る水準への）減額によって、日本銀行のバランスシートは縮小していくと考えるのが自然でしょう。

しかし、異次元緩和とコロナ禍で大幅にふくらんだバランスシートを、短期間で元の状態に戻すのは現実的ではありません。したがって、「金利のある世界」では、日本銀行はバランスシートの規模が大きい状態で利上げを開始することになると考えられます。このようなかたちで利上げを行う場合、日本銀行の財務に大きな影響が生じる可能性があります。以下、そのメカニズムについて確認しましょう。

日本銀行のバランスシートの負債サイドにある日銀当座預金は、大きく分けて「所要準備」と「超過準備」との二つの部分から成り立っています。「所要準備」は、準備預金制度のもと、民間金融機関が預金等の一定割合を日銀当座預金として日本銀行に預け入れるよう義務づけられた部分です。一方「超過準備」は、この所要準備を超えて金融機関が日本銀行に預け入れた部分を指します。図表4－2－2をみると日銀当座預金全体のうち所要準備はごくわずかであり、ほとんどが超過準備によって占められていることがわかります。

多額の超過準備が存在する状態で利上げを行うには、中央銀行が超過準備に利息を付し、金融引締め局面においてその付利金利を引き上げる必要があります。付利金利を引き上げると金融機関はそれより低い金利で市場に資金を供給するインセンティブがなくなり、金融市場の短期金利（日本では無担保コールレート翌日物）も上昇するためです。すなわち、付利金利は金融市場における短期金利の下限を形成することになります。

日本では、世界金融危機時の2008年10月に、超過準備へ利息を付す補完当座預金制度が設けられました。当初は金融危機下の時限措置として＋0.1％の付利が行われましたが、その後延長され、2016年のマイナス金利政策導入

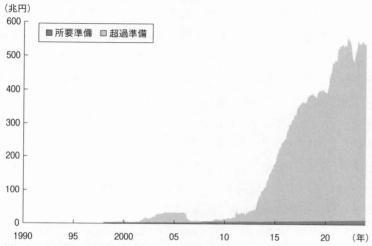

図表 4 - 2 - 2　日銀当座預金の内訳

（注 1 ）　準備預金積み期間（当月16日〜翌月15日）中の平均残高。
（注 2 ）　超過準備は準備預金制度非適用先（証券会社等）の日銀当座預金残高を
　　　　　含む値。
（出所）　日本銀行「業態別の日銀当座預金残高」より、みずほリサーチ＆テクノ
　　　　　ロジーズ作成。

後は超過準備の一部に▲0.1％の金利が適用されました。2024年 3 月には、
先述したとおりマイナス金利政策が解除され、超過準備への付利金利は
＋0.1％となりました[2]。

　このように、日本銀行が大規模なバランスシートを有する状態では、超過
準備の付利金利を引き上げることで金融引締めを行うことができますが、そ

2　中央銀行が民間金融機関から受け入れる預金の金利が金融市場における短期金利の
　下限を形成する一方、中央銀行が民間金融機関へ貸出を行う際の金利は金融市場におけ
　る短期金利の上限を形成します。日本では、補完貸付制度における基準貸付利率（従来
　の公定歩合）がこれに相当します。補完当座預金制度の適用利率を下限、補完貸付制度
　の基準貸付利率を上限とする幅はコリドー（回廊）と呼ばれ、無担保コールレート翌日
　物はコリドーの範囲内を変動するとされています。ただし、実際には2024年 3 月の異次
　元緩和終了後の金融政策において無担保コールレート翌日物の誘導目標が 0 〜0.1％と、
　補完当座預金制度の適用利率（0.1％）をやや下回る水準に設定されているように、金
　融市場の短期金利は超過準備の付利金利を下回ることがあります。これは、一部の金融
　機関が補完当座預金制度の対象でなく、超過準備の付利を受けられないことが原因です。

の際に課題とされるのが日本銀行の財務への影響です。利上げ局面において日本銀行が付利金利を引き上げると、日本銀行から金融機関への支払利息が増加し、日本銀行の財務が悪化する要因になるためです。ただし、バランスシートが徐々に縮小していけば支払利息が減少するほか、資産面では保有する国債が徐々に利回りの高いものに順次入れ替わり、受取利息が増加することから、財務が改善する影響もある点に注意が必要です。

　この点について、日本銀行企画局（2023）は、①バランスシートの規模、②保有国債の満期償還時に再投資する規模、③短期金利・長期金利の推移、④銀行券発行残高の動向の四つの主な要因をあげ、日本銀行の財務に対する影響を解説しています（図表4－2－3）。その結論をまとめると、日本銀行の財務に対する悪影響が大きくなるのは、バランスシートの規模が大きい場合、国債の再投資をまったく行わない場合（保有国債の利回り改善が見込めないため）、政策金利の利上げ幅が大きい場合（付利金利が保有国債利回

図表4－2－3　日本銀行財務に影響を与える主な要因

	要因	影響
①	バランスシートの規模	・保有国債の利回りが付利金利を一時的に下回り、逆ザヤ局面が発生 ・バランスシートの規模が大きいほど、収益下押し度合いも大
②	保有国債の満期償還時に再投資する規模	・再投資規模が大きければ保有国債の利回り改善効果大 ・早期に満期を迎える国債が多いほど利回り改善ペースは速い
③	短期金利・長期金利の推移	・イールドカーブがスティープ化する場合は収益の下押しは限定的 ・イールドカーブがフラット化する場合は、収益を下押しする程度が大
④	銀行券発行残高の動向	・コストが発生しない銀行券の比率が収益を左右

（出所）　日本銀行企画局（2023）より、みずほリサーチ＆テクノロジーズ作成。

りを超過する逆ザヤが拡大するため）ということになります。こうした財務への影響をふまえると「金利のある世界」で利上げを行うにあたり、日本銀行は保有国債を再投資する規模やペースを慎重に調整し、バランスシートの縮小を進めていくと予想されます。

日本銀行財務の悪化と金融政策運営の関係

長期にわたる大規模なバランスシート拡大を伴う非伝統的な金融政策から金融引締め方向に転じる局面では、上記のように日本銀行の財務に悪影響が生じるとみられます。財務の悪化について、日本銀行の金融政策運営能力や信認の低下といった問題を招くのではないかとの見方もあります。このような懸念に対して日本銀行は、一時的に赤字や債務超過に陥ったとしても、それによって金融政策の運営に直接的な支障が生じるわけではないとしています（図表4－2－4）。

ただし、財務の悪化を放置すると市場に金融政策を巡る無用な混乱が生じ、信認の低下につながるリスクもあるため、財務の健全性にも一定の配慮が必要でしょう。海外では中央銀行の損失を財政負担することが取り決められている国もありますが、日本では、旧日本銀行法に存在した政府による損失補填条項が現行の日本銀行法で削除されており、日本銀行は引当金の運用などを通じて健全な財務基盤に基づく自律的な組織運営が求められているといえます。

たとえば財務影響を平準化して日本銀行の財務健全性を確保するため、

図表4－2－4　中央銀行の財務と金融政策運営の考え方

基本的な考え方	中央銀行は、収益や資本の減少によって直ちにオペレーショナルな意味での政策運営能力は損なわれない
留意事項	・収益や資本の減少を契機とする信認低下を防ぐため、財務健全性への配慮も大事 ・バランスシートの拡大・縮小に伴い収益が振幅するメカニズムが内在していることはたしか

（出所）　日本銀行（2023）より、みずほリサーチ＆テクノロジーズ作成。

2015年に債券取引損失引当金を拡充し、自己資本を厚くする取組みが行われました。バランスシートが拡大する局面で引当金を積極的に積み立て、金融引締めにより財務が悪化する際に、事前に積み立てていた引当金を取り崩して損失の発生を防止する仕組みが構築されています。

3 「金利のある世界」における日本銀行のバランスシート運営

このように「金利のある世界」では利上げと日本銀行の財務にトレードオフが生じます。最後に「金利のある世界」における金利の想定をふまえ、日本銀行のバランスシート運営方針と、それによって生じる損益への具体的な影響について、シミュレーションで確認します。

「金利のある世界」の金融政策と日銀当座預金の付利の前提

シミュレーションを行うにあたり、まず「金利のある世界」における前提を整理しておきましょう。

2016年1月に導入されたマイナス金利政策のもとでは、補完当座預金制度において日銀当座預金が「基礎残高」「マクロ加算残高」「政策金利残高」の三層に分けられ、それぞれ0.1%、0％、▲0.1%の金利が適用されていました。しかし、2024年3月のマイナス金利政策の終了に伴い、補完当座預金制度は日銀当座預金のうち所要準備を除く超過準備全体に対して0.1%の付利を行うシンプルな手法に移行しました。

本書では、今後「金利のある世界」が実現した場合、第2章第2節で示したとおり政策金利が2024〜2026年度にかけて2.75%へ引き上げられると想定しています。したがって、ここではシミュレーションの前提として、所要準備の付利金利が0％で据え置かれる一方、超過準備の付利金利は政策金利にあわせて2.75%まで引き上げられると想定します。

日本銀行バランスシート運営のシナリオと損益シミュレーションの結果

上記の付利金利の想定をふまえ、日本銀行の損益のシミュレーションを行

います。ここでは、「金利のある世界」における日本銀行のバランスシート運営方針の違いが損益に及ぼす影響を明らかにするため、以下の三つのシナリオを設定します。

① 日本銀行が保有する国債の満期償還時に全額を再投資してバランスシートの規模を維持する「全額再投資ケース」

② 再投資を完全に停止してバランスシートを急速に縮小させる「再投資停止ケース」

③ これら二つのシナリオの中間に位置する「再投資の緩やかな減額ケース」

　三つのシナリオについてバランスシート規模の推移と損益への影響を試算した結果が、図表4−2−5と図表4−2−6です。なお、損益については簡易的な試算として、日本銀行が保有する長期国債の受取利息から日銀当座預金の超過準備に対する支払利息を差し引いた値を示しています。

　まず①全額再投資ケースでは、バランスシートの規模が2024年2月末時点（約750兆円）で横ばいになると仮定しました。この仮定のもとで日本銀行の損益をシミュレーションすると、損失幅が2025年度にかけて9兆円超に急拡大する結果になりました。バランスシートの規模が変わらず、大量の超過準備残高を抱えたまま付利金利を引き上げるため、日本銀行の支払利息が利上げ当初に急増する計算です。一方、金利上昇局面で保有国債の再投資を進め、徐々に利回りの高い国債に入れ替わって受取利息が増えることで、2026年度以後は損失幅が徐々に縮小していきます。それでも支払利息増の影響が大きく、①全額再投資ケースではシミュレーションの対象期間を通じて三つのシナリオのなかで損失幅が最も大きくなるとの結果が得られました。

　次に②再投資停止ケースでは、バランスシートが年間約▲10％のペースで縮小し、2030年度には約360兆円とほぼ半減します（ただし、それでも異次元緩和開始前の2013年3月末の水準（約165兆円）に比べると高水準です）。このケースでは、日本銀行の損失幅は2025年度にかけて約7兆円に拡大し、これをピークに徐々に縮小します。損益の内訳をみると、付利金利の引上げ

図表4－2－5　日本銀行バランスシートのシナリオと損益シミュレーション

〈バランスシートのシナリオ〉

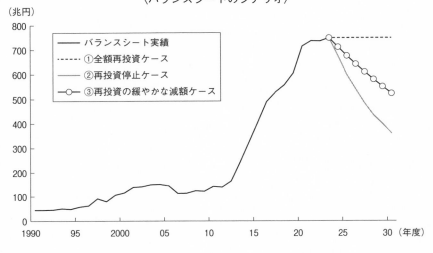

〈損益シミュレーション〉

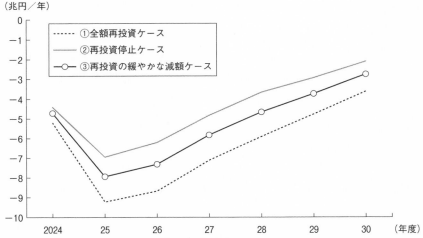

（注1）　バランスシートのシナリオは長期国債残高の変化のみ想定し試算。
（注2）　損益のシミュレーションは、長期国債の受取利息と補完当座預金制度の支払利息
　　　　の変動のみで試算。
（出所）　日本銀行「日本銀行勘定」「日本銀行が保有する国債の銘柄別残高」より、みず
　　　　ほリサーチ＆テクノロジーズ作成。

図表 4 - 2 - 6　損益シミュレーションの内訳

①全額再投資ケース（バランスシート規模を維持）

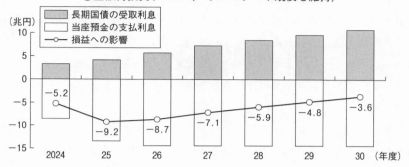

②再投資停止ケース（バランスシート規模が急速に縮小）

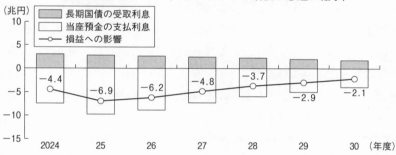

③再投資の緩やかな減速ケース（バランスシート規模が緩やかに縮小）

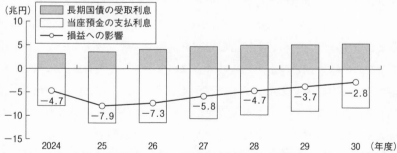

（注）　年度末値で試算。損益は長期国債の受取利息と補完当座預金制度の支払利息のみで
　　　試算。補完当座預金制度の支払利息はマイナス表示。
（出所）　日本銀行「日本銀行が保有する国債の銘柄別残高」より、みずほリサーチ＆テク
　　　ノロジーズ作成。

によって支払利息は利上げ当初に急拡大しますが、その後は国債残高の減少に応じて日銀当座預金の残高が減少し、支払利息も減少していきます。一方で受取利息については、再投資を行わないため保有国債の平均利回りが変わらず、国債の償還が訪れるごとに保有残高が減少することから、受取利息が緩やかに減少していきます。このケースでも損失が発生する姿は変わりませんが、①全額再投資ケースに比べると期間を通じて損失幅が小さい結果になりました。

　最後に③再投資の緩やかな減額ケースでは、バランスシートが②再投資停止ケース（年間約▲10％）よりも緩やかな年間▲５％程度のペースで縮小すると仮定しています（2030年度のバランスシート規模は約520兆円）。このケースでも①、②の場合と同様に損失幅が2025年度にかけて拡大し、その後徐々に縮小する姿になります。損失額は2025年度のピーク時に約８兆円と、①、②のケースのほぼ中間に位置しています。保有国債を一部再投資することで受取利息が小幅に増加する一方、バランスシートの規模が大きい状態で付利金利を引き上げ、支払利息がふくらむため、②再投資停止ケースに比べると損失幅が大きくなります。

「金利のある世界」における日本銀行のバランスシート運営の方向性

　上記三つの仮想シナリオにおける損益のシミュレーションをふまえると、バランスシートの規模を維持する①全額再投資ケースでは損失がより大きくなることから、日本銀行は多かれ少なかれバランスシートを縮小していくと見込まれます。ただし、利上げ局面で国債市場や金融システムの安定性を確保するため、②再投資停止ケースのようにバランスシートを急速に縮小させる選択肢もとりにくいと考えられます。したがって、「金利のある世界」では、①全額再投資ケースと②再投資停止ケースとの間の③再投資の緩やかな減額ケースに近いバランスシート運営が行われる可能性が高いでしょう。

　日本銀行（2021）によると、日本銀行の国債保有残高の高まりは長期金利を約1.0％押し下げる効果をもち、国債市場に少なからず影響を与えていると指摘されています。「金利のある世界」では経済の堅調さを反映して長期

金利が徐々に上昇していくと想定しており、日本銀行が長期金利を抑制する必要性は薄れます。しかし、日本銀行が国債保有残高を急速に縮小させると、長期金利が短期的に急上昇するリスクがあります。その場合、民間金融機関が保有する国債に大幅な評価損が発生し、民間金融機関の純資産の毀損を通じた金融システムの脆弱化が懸念されます（詳細は第3節を参照）。こうした事態を回避するため、再投資の減額ペースは③のケースのように緩やかになると見込まれます。

　なお、日本国債の保有者別比率をみると、異次元緩和以前は預金取扱機関（銀行等）が最大の保有者でしたが、異次元緩和を経て日本銀行が日本国債の約半分を保有する構造に変化しました（図表4－2－7）。日本銀行がバランスシートの緩やかな縮小に伴い国債保有残高を減少させる場合は、保有

図表4－2－7　国債の保有者別比率の試算

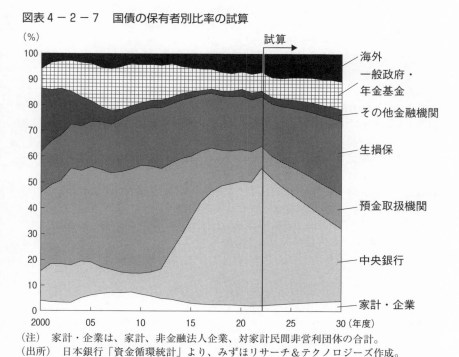

（注）　家計・企業は、家計、非金融法人企業、対家計民間非営利団体の合計。
（出所）　日本銀行「資金循環統計」より、みずほリサーチ＆テクノロジーズ作成。

比率が日本銀行に次いで高い生命保険・損害保険会社や預金取扱機関といった金融機関が国債の主な引受け手になると考えられます。第1節で論じたとおり、家計が資金余剰状態を維持するとみられることから、金融機関を通じて国債を保有する需要が発生するためです。特に資金を超長期で運用する保険会社は、「金利のある世界」で超長期債を中心に利回りが上昇し国債の運用効率が高まると、国債保有を増やす可能性があるでしょう。このように、日本銀行のバランスシートの運営次第では国債保有構造にも大きな影響が生じうるため、こうした観点からも金融政策の行方を注視する必要がありそうです。

〈参考文献〉
荒尾拓人（2022）「三層構造の下での金融調節運営—準備需要曲線モデルを使った解説—」、日本銀行、BOJ Reports & Research Papers、2022年3月
白川方明（2008）『現代の金融政策　理論と実際』、日本経済新聞出版
中曽宏（2022）『最後の防衛線　危機と日本銀行』、日本経済新聞出版
日本銀行（2023）「中央銀行の財務と金融政策運営—日本金融学会2023年度秋季大会における特別講演—」、2023年9月30日
日本銀行（2021）「より効果的で持続的な金融緩和を実施していくための点検〔背景説明〕」、2021年3月19日
日本銀行企画局（2023）「多角的レビューシリーズ　中央銀行の財務と金融政策運営」、日本銀行、BOJ Reports & Research Papers、2023年12月
三井住友信託銀行マーケット事業（2020）『第7版　投資家のための金融マーケット予測ハンドブック』、NHK出版
宮嵜浩・上村未緒・大澗渉（2023）「日本経済「金利2％時代」を振り返る〜当時との最大の違いは日銀の国債保有〜」、みずほリサーチ＆テクノロジーズ、Mizuho RT EXPRESS、2023年10月18日
門間一夫（2022）『日本経済の見えない真実—低成長・低金利の「出口」はあるか』、日経BP

「金利のある世界」における
銀行への影響

　本章ではここまで、「金利のある世界」が実現した場合に企業、家計、政府の資金運用・調達ニーズがどう変化するか、そして、利上げを進めるなかで日本銀行が自身のバランスシートをどのように調整するか確認してきました。これらをふまえた「金利のある世界」のシミュレーションの総仕上げとして、本節では銀行への影響について分析します。まず、1990年代後半以後の銀行業績の変遷を振り返り、過去の金利変動が銀行に及ぼした影響を確認します。そして、「金利のある世界」における銀行のバランスシートや収益・費用の変化に関する考え方を整理し、銀行経営へのインパクトを試算します。

1　銀行のビジネスモデルと、過去の業績の変遷

　はじめに、銀行の収益・費用の構造を簡単に整理したうえで、これまでの銀行業績の変遷を局面別に確認します。

銀行のビジネスモデル

　銀行は企業や個人がすぐには使わない資金を預金として集め、その資金を必要とする企業や個人に貸したり債券等で運用したりすることで利益を得ます。そのため、銀行の収益は貸出金利息（貸出残高×貸出金利）や有価証券利息配当金（債券などの運用益）、預け金利息（余剰資金を日銀当座預金として保有することで得られる運用益）等で決まります。

　一方、費用としては預金利息（預金残高×預金金利）や人件費などの経費があります。また企業の業績が悪化したり倒産が増えたりした場合には、貸出金償却や貸倒引当金繰入額といった、いわゆる与信コストが増加します。

銀行の経常利益の推移

以上をふまえ、銀行全体の経常利益が1997年以後にどのように推移したか確認しましょう（図表4－3－1）。

1990年代終盤や2000年代初頭には、銀行の経常利益が一時7兆円を超える大幅な赤字になりました（図表4－3－1の①）。2008年度にも同様に経常赤字が発生しています。これらは、バブル崩壊後の不良債権処理や米国発の世界金融危機（リーマンショック）を受けた景気後退によって与信コストが増加したことが主な原因です。

それ以外の時期は経常黒字になっていますが、その内容は局面によって大きく異なります。2005年前後（図表4－3－1の②）は、不良債権処理の進展に加え、景気拡大による貸出残高の増加と政策金利の引上げ（0.5％）で

図表4－3－1　銀行全体の経常利益の推移

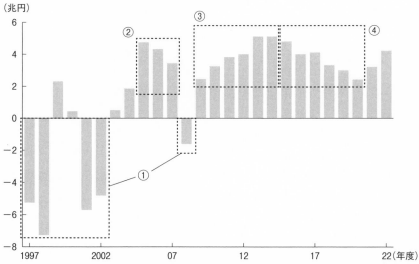

（注）　対象は、都市銀行5行、地方銀行62行、第二地方銀行37行、信託銀行、SBI新生銀行、あおぞら銀行。
（出所）　全国銀行協会「全国銀行財務諸表分析」より、みずほリサーチ＆テクノロジーズ作成。

貸出金利息が増加し、銀行の経常利益は底堅く推移していました。また、2010年代前半（図表４－３－１の③）はアベノミクス等による景気拡大を背景に貸出金利息や運用益が改善し、経常利益は拡大傾向にありました。しかし2010年代後半（図表４－３－１の④）に入ると、マイナス金利政策やイールドカーブ・コントロールの導入によって金利水準が押し下げられ、貸出金や有価証券の運用で収益が稼ぎにくい環境のなか、経常黒字幅が縮小傾向に転じました。2021年度以後は、コロナ禍からの回復に伴う貸倒引当金の減少等により、再び増益に転じています。

金利低下による銀行業績への影響（2007年度と2019年度の比較）

このように、銀行の業績は金利水準に大きく左右されます。そこで、2000年代で唯一政策金利が0.5％まで上昇した2007年度と、マイナス金利政策やイールドカーブ・コントロールの影響が色濃く出ていた2019年度を比較し、金利水準の違いによる業績への影響を詳しく確認しましょう。経常収益・費用の項目ごとに2007年度と2019年度との数値を比較したものが図表４－３－２です。

経常収益全体では、2007年度の21.2兆円から2019年度の17.8兆円へ▲15.9％の減少となっています。特に減少幅が大きいのは貸出金利息（▲23.3％）と有価証券利息配当金（▲26.5％）です。この間、残高でみると貸出金は446.0兆円から592.9兆円へ、有価証券は187.7兆円から218.9兆円へ大きく増加していますが、それ以上に、低金利環境の進展を背景とする貸出金利低下の影響が大きく、収益が減少する要因になりました。

費用面についてみると、預金利息は2007年度の2.8兆円から2019年度の1.6兆円へ大きく減少しました。貸出金と同様、残高が増えた一方で預金金利のベースになる政策金利が低下したことが原因です。

結果として、経常収益から経常費用を差し引いた経常利益は、預金利息の減少以上に貸出金利息や有価証券利息配当金が減少したことで、2007年度の3.4兆円から2019年度の3.0兆円へ減少しています。この２時点の決算には金利低下が銀行の経常利益の減少につながるメカニズムが端的に現れていると

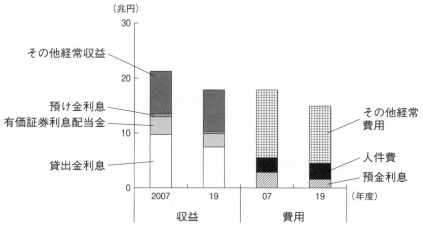

図表4－3－2　銀行全体の経常収益・費用

（注）　対象は、都市銀行5行、地方銀行62行、第二地方銀行37行、信託銀行、SBI新生銀行、あおぞら銀行。
（出所）　全国銀行協会「全国銀行財務諸表分析」より、みずほリサーチ＆テクノロジーズ作成。

いえるでしょう。

2　「金利のある世界」における銀行財務指標の想定

　このように、銀行の経常利益は長引く低金利環境で圧迫されてきましたが、今後「金利のある世界」が実現すると拡大に転じると考えられます。他方で、金利上昇局面では、後述するように銀行が保有する有価証券の含み損が発生し、バランスシートが悪化する懸念もあるため、決してよいことばかりではありません。

　そこで本項では、「金利のある世界」で銀行の経常利益や含み損にどの程度の影響が生じるかについてのシミュレーションを行うにあたり、バランスシートと収益・費用の主要な項目に関する考え方を整理します（図表4－3－3）。なお、本書では銀行の財務指標のうち「金利のある世界」で大き

図表 4 － 3 － 3 　「金利のある世界」の銀行シミュレーションの前提

バランスシート項目

項目	基本的な考え方
日銀当座預金残高	本章第 2 節に基づき、前年比▲ 5 ％と想定
国内貸出残高	本節に記載の考え方に基づき、前年比約＋ 4 ％と想定
国内預金残高	本節に記載の考え方に基づき、前年比約＋ 3 ％と想定
純資産	当期の純資産の値は、過去の実績をふまえ、当期の経常利益× 0.75（＝ 1 －法人税率）×0.6（＝ 1 －配当率）を前期の純資産に加えて計算
有価証券残高	上記の項目を推計後、「日銀当座預金残高＋国内貸出残高＋有価証券残高－国内預金残高－純資産」の値が2022年度末時点とおおむね同じ水準になるように有価証券残高の値を計算（平均で前年比約＋ 9 ％）
海外貸出残高	近年のトレンドをふまえ、前年比約＋ 4 ％と想定
海外預金残高	近年のトレンドをふまえ、前年比約＋ 6 ％と想定

収益・費用関連項目

項目	基本的な考え方
日銀当座預金利回り	本章第 2 節に基づき、政策金利残高に対して、政策金利と同水準の付利が行われると想定
国内貸出利回り	2022年度末の固定金利・変動金利貸出の残高をふまえ、政策金利の上昇幅×0.6程度のペースで上昇すると想定。ただし、2024年度は短プラの上昇幅が限定的になること、2028年度以後も固定金利貸出が新規実行に置き換わっていくことを考慮
有価証券利回り	2022年度末のデュレーションに基づいて再投資が行われると仮定し、対応する年限の国債金利にあわせて変動
国内預金金利	過去実績をふまえて、政策金利の上昇幅×0.4程度のペースで上昇すると想定
経費	人件費は第 3 章第 2 節に基づき前年比＋3.5％と想定。その他の経費は預金残高に比例するかたちで増加

（注 1 ）　預金・貸出残高の増加ペースは、第 3 章第 2 節（企業）、第 3 章第 3 節（家計）、本章第 1 節（資金過不足）の内容をふまえて試算。
（注 2 ）　純資産の試算には、その他有価証券の評価損益は勘案していない。また、法人税率は銀行全体の損益動向から計算しており、赤字行の影響で実態と差が出ている可能性がある。
（出所）　みずほリサーチ＆テクノロジーズ作成。

な変化が生じると考えられる部分に着目して試算の前提を置いていますが、銀行の業績にかかわる要素はこのほかにも多数存在するため、シミュレーションの結果は一定の幅をもってみる必要があります。

バランスシート項目の想定

まず、銀行のバランスシートの変化について主だった項目の考え方を整理します。

資産面では日銀当座預金残高に大きな変化が生じます。個々の銀行が日銀当座預金をどの程度もつかは各行の経営判断次第ですが、銀行全体としてみた場合、日銀当座預金残高の総量は日本銀行のバランスシートによって決まります。第2節で述べたとおり、利上げ過程では日本銀行が保有国債を徐々に減らしていきます。その裏側では日本銀行の負債である日銀当座預金を減らすことになるため、銀行全体の日銀当座預金残高も徐々に減少します。

国内貸出残高は主に企業や家計の資金需要によって決まります。「金利のある世界」では、持続的な景気拡大のもとで企業の利益が増加し（第3章第2節を参照）、運転資金や設備投資資金などの資金需要（銀行からみると貸出金）が増加すると考えられます。また、家計については、住宅ローンの新規貸出額が年間約20兆円の規模を維持するなか、金利上昇局面において変動金利型ローンの利払い負担が増加することで元本部分の返済ペースが鈍化し（第3章第3節を参照）、住宅ローン貸出残高が2030年度にかけて緩やかに増加するでしょう。以上から、企業・家計向けをあわせた国内貸出残高は増加傾向が続くと想定しています。

バランスシートの負債面では預金残高が増加傾向を続ける想定です。一般的に日本銀行がバランスシートを縮小して貨幣の供給量が減少する局面では、市中に出回る貨幣（現金＋預金等）の量にも減少圧力が加わるとされています[1]。しかし、「金利のある世界」では、企業の資金需要を背景とした貸出増加を通じて銀行の信用創造機能が強まり、預金も増加すると考えられます。

信用創造とは貸出を通じて預金を新たに生み出す、銀行特有の機能です。

銀行は企業や家計から預金を受け入れると、そのうち法律で定められた一定割合（準備率といいます）を法定準備預金として日本銀行に預け入れ、残りを貸出に回すことで、資金余剰の主体から資金不足の主体へ資金を融通します。たとえば銀行Aが当初受け入れた預金のうち法定準備分を日本銀行に預け、残りを企業aに貸し出すとします。企業aが借り入れた資金を使って企業bに支払をすると、銀行Bにある企業bの預金が増加します。銀行Bは同じく、増えた預金の一部を日本銀行に預け、残りを貸出に回すことができます。このように「預金増→貸出増→預金増→貸出増→預金増……」というループは企業や家計の借入需要がある限り（あるいは準備率の条件を満たせる限り）続きます。すると、結果的に銀行Aが当初受け入れた預金の何倍もの貸出・預金が生み出されることになります[2]。これが信用創造機能の仕組みです[3]。

　最後に資産面の有価証券残高は、銀行が預金と純資産で調達した分から必要な額を貸出に回した余資を有価証券のかたちで運用すると想定します[4]。具体的には、図表4−3−3中に記載したように、資産側の項目（日銀当座預金、国内貸出、有価証券）から負債・純資産側の項目（国内預金、純資産）を差し引いた値がおおむね一定になるように有価証券残高を計算します。その結果、今回のシミュレーションでは、日銀当座預金の減少と純資産

1　日本銀行が供給する貨幣は現金通貨と日銀当座預金との合計であり、マネタリーベース（ベースマネー、ハイパワードマネー）と呼ばれます。一方、市中に出回る貨幣はマネーストックと呼ばれます。マネーストックにはM1、M2、M3、広義流動性等の複数の定義がありますが、主に現金通貨と預金で構成されています。

2　具体的には、預金のうち法定準備預金以外の部分がすべて貸し出されたとすると、最終的な預金額は当初受け入れた預金の「1÷準備率」倍になります（預金のうち現金として引き出される分がないと仮定した場合）。たとえば準備率が5％の場合は「1÷0.05＝20倍」となります。

3　なお、信用創造のメカニズムについては、本稿で説明した「最初に銀行が受け入れた預金から信用創造が始まる」という説明のほかに「最初に預金がなくても銀行は貸出を行うことができ、銀行の貸出実行によって預金が創造される」と説明されることもあります。後者の詳細については、たとえば斉藤（2023）を参照してください。

4　貸出利回りよりも有価証券利回りのほうが高いため、銀行にとっては貸出金を増やさずに有価証券投資を増やす選択肢もありますが、資金不足の主体に貸出を行うことが銀行本来の役割であることから、本節では貸出を優先すると想定しています。

の増加により、有価証券残高は預金や貸出よりも伸び率が高い想定となっています。

　なお、有価証券については、金利上昇局面で債券価格が低下することによる含み損（評価損）の発生も、バランスシートへの影響を考えるうえで重要な論点になります。銀行が現在保有する国債等の有価証券は、多くが低金利環境で取得した低い利回りの債券であり、金利が大幅に上昇するとその分債券の価格が下落して、多額の含み損が発生することが想定されます。銀行が保有する有価証券は、会計上「満期保有目的の債券」と「その他有価証券」に分かれます。前者はその名のとおり満期保有が前提であり中途売買ができないため債券価格の時価評価が行われず、価格下落分を含み損として計上する必要はありません。他方で、後者は中途売買が可能なメリットがあるかわりに時価評価が行われ、債券価格低下による含み損が「その他の包括利益」として（損益計算書上の経常利益を経由せずに）バランスシート上の純資産に直接反映されます。次項のシミュレーションでは、こうした銀行の含み損についても試算を行いますが、銀行全体の有価証券残高のうち「満期保有目的の債券」「その他有価証券」の内訳のデータが取得できないため、両者の合計額を用いて簡易的に含み損を求めます。したがって、シミュレーションにおける含み損は「金利のある世界」で発生しうる最大値であり、すべてが純資産を毀損する要因になるとは限らない点に注意してください。

収益・費用関連項目の想定

　続いて、これらバランスシート項目の動きが収益・費用にどのように影響するかを試算するため、主な資産・負債の利回りや経費の想定について考え方を整理します。

　日銀当座預金への付利は、第2節で述べたとおりマイナス金利政策下では3層構造で行われていましたが、2024年3月のマイナス金利政策解除に伴って、所要準備額（法定準備預金額）を除く超過準備額全体に対し0.1%の付利を行うシンプルな手法に移行しました。「金利のある世界」では、超過準備額に適用される付利金利が利上げに伴って上昇することになります。

銀行が企業や家計に貸し出す際の貸出金利回りは、大まかには利上げに伴って上昇すると考えられます。ただし、貸出の種類によって上昇ペースに差があることには注意が必要です。貸出を金利の種類に基づいて分けると、大きく短期プライムレート連動貸出（以下、短プラ貸出）、スプレッド貸出、固定金利貸出に分けられます。

　短プラ貸出、スプレッド貸出は両方とも変動金利貸出ですが、基準金利が異なります。短期プライムレート（優良企業向けの1年未満の期間の貸出に適用される最優遇金利）は、2009年1月以後、本書執筆時点の2024年4月まで1.475％のまま変わっていませんが、スプレッド貸出の基準金利の一つであるTIBOR（東京銀行間取引金利）1カ月物は0.03〜0.59％の間で日々少しずつ変動しています。「基準金利＋1％」という同じ条件の貸出であっても、短プラ貸出は利上げの影響を受けて金利が上昇し始めるタイミングが少し遅く、スプレッド貸出は利上げにスムーズに反応して上昇すると考えられます。

　他方で、固定金利貸出については、すでに貸出を実行している分は利上げ後も当然金利は変わりません。ただし、利上げ開始後に新規で行われる固定金利貸出は、これまでよりも高い金利で行われることになります。したがって、時間が経つにつれて貸出残高のうち利上げ後に実行された貸出の割合が増え、銀行の貸出残高全体の平均利回りが上昇します。

　有価証券利回りについても、考え方は固定金利貸出と同様です。国債をはじめ、銀行の有価証券運用の中心となっている債券は固定金利のものが多いため、利上げ開始後に新たに投資した有価証券が増えるにつれて、有価証券全体の平均利回りも上昇していくことになります。

　費用面では、利上げ局面において預金金利が上昇することを考慮する必要があります[5]。過去の動きをふまえると、利上げ局面では預金金利の上昇幅

5　なお、本節では普通預金と定期預金との比率の変化は考慮していません。第3章第1節でみたように、「金利のある世界」では普通預金金利と定期預金金利の差が広がり、余裕資金を普通預金から定期預金に切り替える動きが生じる可能性があります。

が貸出金利の上昇幅より小さくなる傾向があります。これは、利上げによって銀行の利ザヤが拡大することを意味しており、利上げが銀行業績にプラスに働く主な要因です。また、人件費については、第3章第2節で想定した企業部門の人件費と同様のペースで増加すると考えます。

3　「金利のある世界」の銀行シミュレーション結果

　以上の前提をふまえて「金利のある世界」における銀行の経常利益と含み損のシミュレーションを実施します[6]。まず、経常利益・含み損総額の推移を示し、その後に収益・費用とバランスシートの詳細について「金利のある世界」の前後における比較を行います。

銀行の経常利益と含み損のシミュレーション結果

　銀行の経常利益と含み損のシミュレーション結果が図表4-3-4です。シミュレーションの起点である2022年度時点で政策金利が▲0.1％の環境にあった銀行にとって、2.75％まで金利が上昇し利ザヤが拡大する影響は大きく、2022年度時点で3.7兆円だった経常利益は、2030年度に15.8兆円まで増加すると試算されます。特に、政策金利の上昇幅が大きい2025〜2026年度に経常利益の増益ペースが加速することが確認できます。

　一方で、利上げ局面では債券価格の下落による含み損も大幅に増加します。金利上昇幅が大きい2025〜2026年度にかけて含み損が拡大し、その後は銀行の保有有価証券が利回りの高いものに置き換わっていくことで、2027年度以後は徐々に含み損が縮小していくことになります。純資産に対する含み損の比率の推移をみると、2025年度、2026年度にピークの16％に達します。上述したように、シミュレーションで計算した含み損は「満期保有目的の債券」「その他の有価証券」の合計値であり、すべてがバランスシートの計算に反映されるわけではありませんが、銀行の純資産に対し一定規模の毀損要

6　本節でシミュレーションの対象とした「銀行」は都市銀行、地方銀行、第二地方銀行であり、信託銀行や政府系金融機関は含みません。

図表４－３－４　銀行の経常利益と含み損のシミュレーション結果

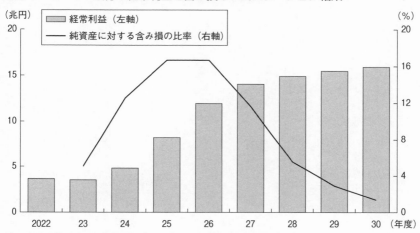

（注１）　試算対象は、都市銀行、地方銀行、第二地方銀行。
（注２）　「満期保有目的の債券」と「その他の有価証券」を区別していないため、含み損
　　　　　は発生しうる最大値として計算される。2022年度実績をゼロとし、そこからの増加
　　　　　分を表している。
（出所）　全国銀行協会「全国銀行財務諸表分析」より、みずほリサーチ＆テクノロジーズ
　　　　　作成。

因になることが確認できます[7]。

　このように、金利の大幅な上昇は、利益の面では銀行にとってチャンスで
あるとともに、バランスシートの面ではリスクでもあるといえるでしょう。

金利上昇前後の収益・費用の比較

　収益・費用の内訳について、2022年度と2030年度との比較を行ったものが
図表４－３－５です。

　収益面に着目すると、金利が上昇し、資金需要が増加する世界ではやはり
貸出金利息の存在感が大きくなります。金額ベースでは約３倍に増加し、収

---

[7]　なお、会計上は「その他の有価証券」の価格下落による含み損が純資産に算入され
　　ますが、金融規制の一種である銀行の自己資本比率規制においては、海外営業拠点を有
　　する国際統一基準（バーゼル合意に基づく基準）対象銀行で含み損が純資産に算入され
　　る一方、国内基準対象銀行（主に地域金融機関）では含み損が純資産に算入されないと
　　いう違いがあります。

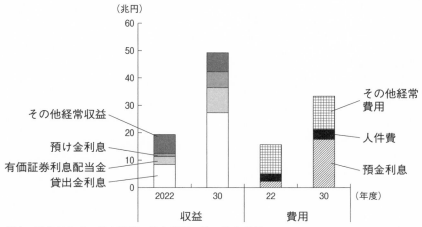

図表4－3－5　金利上昇前後の経常収益・費用の比較

（注）　試算対象は、都市銀行、地方銀行、第二地方銀行。
（出所）　全国銀行協会「全国銀行財務諸表分析」より、みずほリサーチ＆テクノロジーズ
　　　　作成。

益全体に占める割合も44％から55％に拡大しています。また、日銀当座預金
から生じる預け金利息も増加率が大きく、2030年度には有価証券利息配当金
と近しい存在感を示しています。銀行全体の日銀当座預金残高は減少してい
きますが、2030年度時点でも200兆円程度存在すると試算されます。巨額の
日銀当座預金（法定準備分を除く）に対して適用される金利が、現在のほぼ
ゼロから政策金利の2.75％に上昇するため、預け金利息は大きく増加するこ
とになります[8]。

　一方、費用面に目を向けると、預金利息の構成比が2022年度の約15％から
2030年度には約55％にまで上昇し、費用の過半を占めるようになります。こ
れまでの低金利環境では預金をほぼゼロ金利で調達できていましたが、「金
利のある世界」では必要な量をいかに低い金利で調達するかという問題が銀

---

[8]　2030年度にかけて日銀当座預金が減少を続ける一方、政策金利は2026年度まで上昇
　　を続け、以後横ばいと想定しています。したがって、預け金利息の収益規模は2026年度
　　に最大になり、その後減少します。

図表４－３－６　金利上昇前後のバランスシートの比較

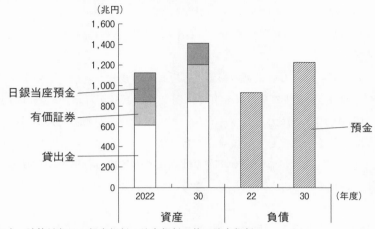

（注１）　試算対象は、都市銀行、地方銀行、第二地方銀行。
（注２）　銀行バランスシートの主要項目のみを示しているため、資産と負債はバランスしていない。
（出所）　全国銀行協会「全国銀行財務諸表分析」より、みずほリサーチ＆テクノロジーズ作成。

行の経営戦略上重要になってくるでしょう。

金利上昇前後のバランスシートの比較

　図表４－３－６は2022年度と2030年度のバランスシートの主要項目を示したものです。貸出、有価証券、預金ともに大きく増加し、銀行のバランスシートは全体として拡大しています。企業や家計への貸出が銀行の信用創造機能を通じて預金の拡大につながるため、預金・貸出が両建てで大きく増加します。また、日銀当座預金が減少するなかで、余った預金の運用先として有価証券の保有額も増加することになります。

４　シミュレーション上の留意点

　ここまで「金利のある世界」における銀行業績のシミュレーション結果に

ついて解説してきました。ただし、上述したように、このシミュレーション
は一定の前提に基づく試算であり、結果は幅をもって解釈する必要がありま
す。以下、試算結果に影響を及ぼしうる主だった留意点について補足します。

為替変動

本節の試算では、為替変動の影響は考慮していません。第3章第1節に記
載したとおり、「金利のある世界」では円金利の上昇が日米金利差の縮小を
通じて円高方向への圧力を発生させ、ドル・円レートが約35円分、円高・ド
ル安方向に動くと想定しています。銀行によって金額にばらつきはあります
が、円高は海外通貨建ての保有資産の評価額や外貨建て貸出の利息収入の円
換算額を押し下げることを通じて、銀行のバランスシートや収益に影響する
と考えられます。

資産価格の変化と借入余力

「金利のある世界」では成長率が高まると想定しており、名目GDPの増加
とともに不動産価格などの資産価格は上昇する可能性が高いと考えられま
す。その場合、土地の担保価値が上昇するので、借り手にとっては借入余力
の増加につながります。貸出増の主因は資金需要であり、借入余力の増加は
あくまで貸出増のサポート要因にすぎませんが、本節の試算結果以上に企業
が借入れ（銀行の貸出）を増やす可能性があるでしょう。

キャッシュリッチ企業による手元預金活用

他方で、一部のキャッシュリッチな（手元に豊富な現預金を保有する）企
業は、景気拡大に伴う資金需要の増加に対して、借入増ではなく手元預金を
活用することで対応する可能性があります。その場合、シミュレーションの
想定ほど銀行への資金需要が拡大せず、貸出額・預金額の増加ペースが緩や
かなものにとどまる可能性があります。

金利上昇局面での有価証券の投資動向

本節のシミュレーションでは有価証券の含み損を試算する際、保有債券が
「満期保有目的の債券」か「その他有価証券」かにかかわらずすべて満期ま
で保有すると想定しました。また、新規に取得する債券の満期構成は、直近

実績時点の平均的な満期構成と同様になるよう投資するとの前提を置いています。しかしながら、利上げ局面では含み損の拡大を回避するため、損切り目的で「その他有価証券」の債券を早期に売却したり新規取得時に満期構成を短期化（長期債への投資を控え、短期債に集中的に投資）したりする行動変化が生じる可能性があります。その場合は、個別行でみても全体でみても含み損の金額が試算結果に比べ少なくなるでしょう。

5　銀行ごとに業績への影響にはばらつきあり

　本節のシミュレーションでは、銀行全体としてみると「金利のある世界」が利益への追い風になることが確認できました。しかし、個々の銀行が直面する収益環境はさまざまであり、銀行によっては金利上昇が逆風になる可能性もあります。最後に、「金利のある世界」において、一部の銀行で潜在的に生じうるネガティブな影響についても触れておきましょう。

　第一に、貸出金利息が順調に増加しないケースが考えられます。本試算では資金需要が高まり貸出残高が増加する世界を想定していますが、地域によっては銀行同士の過当競争が続くこともあるでしょう。また、日本において過去に金利があった時代とは異なり、現代では個人がネット銀行に預金をもつことも一般的になっています。預金獲得のためには、店舗をもたずコストを圧縮できるネット銀行の動向をふまえた預金金利設定が必要とされる一方で、貸出金利回りが地域の競合銀行との関係で上げにくい事態になると、銀行の利益に悪影響が生じます。

　第二に、貸出先の業種によっては与信コストが増加する可能性があります。第3章第2節で触れたとおり、「金利のある世界」が実現すると景気拡大により企業の利益には全体としてプラスの影響が生じますが、借入負担が重い一部の企業では利払費の増加によって利益が悪化する可能性があります。もし銀行の貸出ポートフォリオがそのような企業に偏っていた場合は、金利上昇に耐えられない貸出先が増加し、与信コストの増加につながる可能

性があります。

　第三に、収益力と比べて含み損が大幅に増加するケースが考えられます。保有している債券の満期が長いほど金利上昇による価格下落の影響が大きくなります[9]。したがって、現在保有している債券の満期構成が長期に偏っているほど含み損の金額も大きくなります。債券の満期構成は銀行によるばらつきが大きいですが、銀行全体でみても含み損が大きくなる2024〜2026年度（図表4−3−4）には長期債中心の運用をしている銀行が特に大きな影響を受けるでしょう。

　上記三つのケースが複数同時に発生すると、銀行経営にとって大きな影響が生じかねません。たとえ含み損を抱えることになったとしても、早めに売却して損失の拡大を防ぐことができれば大きな問題にならない可能性があります。しかし、貸出金利息による収益が伸びず、さらに与信コストが増加するなかでは、損切りを行うことはむずかしいかもしれません。一方で、損切りをせずに含み損がふくらみ続ける状態では、銀行の信用不安につながる可能性があります。他国の例ですが、2023年3月に米国のシリコンバレーバンク（以下、SVB）が破綻した際も、きっかけはSVBが保有する米国債の含み損が懸念され、預金の流出が増えたことでした。SVBの保有債券は「満期保有目的の債券」が多く、時価評価による含み損を計上する必要はありませんでしたが、それはあくまで会計ルール上の話であり、現実には信用不安を通じて経営に影響を及ぼす可能性がある点に留意が必要です[10]。

　「金利のある世界」を追い風にするには、銀行自身がゼロ金利時代の「ノルム」を転換する必要があります。資金需要が乏しかったゼロ金利時代には貸出金利の低さを競い合ってきましたが、「金利のある世界」では預金金利

9　一般的に、期間の長い債券ほど価格変動が大きくなります。また、利上げを3年程度かけて行うと想定しているため、その間もち続ける債券は、たとえば満期が1年の債券に比べて、金利上昇の影響をより大きく受けることになります。

10　わかりやすさの点でSVBを例にしていますが、日本と米国では預金保険制度が異なり、日本における預金流出のリスクは相対的に小さいことや、SVBの預金がIT企業による大口預金に偏っていたことなど、日本の銀行とは異なる要因が存在することも補足しておきます。

が上昇するため、貸出金利の引上げが避けられません。しかし、銀行の貸出金利上昇は企業側からみればコストの増加であり、スムーズに受け入れられるとは限りません。たとえばコンサルティングやビジネスマッチングをはじめとする幅広い経営課題へのサポートを通じて、銀行取引の付加価値を一段と高めていく必要があるでしょう。また有価証券運用においても、ゼロ金利時代に比べて金利変動幅が大きく拡大すると想定されることから、これまで以上のリスク管理能力が求められるようになります。こうした新時代における銀行の取組みを適切に周知する情報発信を通じ、銀行に対する社会の信頼を維持していくことが重要です。

〈参考文献〉
斉藤美彦（2023）「「不幸な虚偽表示」への異議申し立て」、大阪経大論集第74巻第4号、p85-101
高田創（2017）『シナリオ分析　異次元緩和脱出』、日本経済新聞出版

第 **5** 章

ビジネスチャンスとしての
「金利のある世界」

第4章までのシミュレーション分析では、2％物価が安定的に持続する「よい金利高」が日本経済に及ぼす影響を試算しました。デフレ脱却の恩恵は一様ではなく、むしろ厳しい経済環境となる企業や家計の存在も浮き彫りになりました。

　しかし、厳しい環境に直面した企業が無条件に衰退するわけではありません。1990年代以後、日本経済は2度の急激な円高に見舞われました。一つは1990年代半ば、もう一つは2010年代の初頭です。ともに1ドル=70円台まで円高・ドル安が進行した結果、輸出企業は大打撃を受けました。数多くの有力メーカーが円高によって競争力を失い、市場から姿を消しました。そうしたなかでも、企業規模を着実に拡大してきた輸出企業は存在します。経営環境の急激な変化に順応できたからこそ、そうした企業は生き残れただけではなく、国際競争力をもったリーディングカンパニーとして、現在も成長し続けています。

　半面、円高やデフレとの親和性が高そうな業種、たとえば大型小売店でも、勝ち残った企業と衰退した企業が存在します。消費者の嗜好の多様化に柔軟に対応できたか否かなどの経営判断が、企業の盛衰に大きな影響を及ぼしたのかもしれません。ただし、デフレに適応した企業経営が「金利のある世界」でもうまくいくとは限りません。デフレ時代の発想や手法にとらわれないこと、それが「金利のある世界」で生き残るための第一歩になります。

　第1節では、「金利のある世界」が実現した場合に、企業や家計、政府が環境の変化にどう適応するべきかを提言します。第2節では、銀行業界において、「金利のある世界」の新たなビジネスチャンスを探ります。

第 **1** 節　デフレ思考からの脱却

　本書で想定した「金利のある世界」では、デフレ下の日本に比べて、基本的にマクロ経済環境は改善しています。しかし、長らくデフレに慣れてきた日本の企業や消費者が「金利のある世界」に適応するまでには、さまざまな困難が予想されます。本節では、日本の企業や家計そして政府が、従来の思考方法や行動様式を転換し、「金利のある世界」という環境変化に適応するための指針を示します。

1　企業に求められるコスト削減経営からの脱却

売上高が伸びないなかで利益を捻出したデフレ下の日本企業

　第3章第2節で検証したように、企業部門が「金利のある世界」で享受する恩恵は、産業や企業規模によって大きく異なります。円高によって売上高が目減りする輸出依存型企業や有利子負債比率が高い企業、労働集約的な企業にとって、本書の「金利のある世界」はデフレよりも厳しい経営環境かもしれません。

　企業財務において、人件費や減価償却費といったコストは「固定費」に分類されます。固定費とは売上高の変動に左右されにくい費用項目を指し、有利子負債の利払い（支払利息）も含まれます[1]。一方、原材料費や燃料費といった売上高に連動する費用は「変動費」に分類されます。

1　「金利のある世界」の実現による企業への影響についてシミュレーションした第3章第2節でも固定費に言及していますが、そこでは影響を要因別に分解して示す都合から、便宜的に固定費を「人件費＋減価償却費」で計算していました。したがって、本節で言及する固定費とは定義がやや異なる点に留意してください。なお、一般的には賃借料も固定費に含むことがあります。

図表５－１－１　日本企業の売上高と経常利益の推移

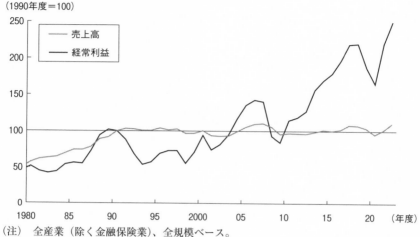

（1990年度＝100）

（注）　全産業（除く金融保険業）、全規模ベース。
（出所）　財務省「法人企業統計調査（年次別調査）」より、みずほリサーチ＆テクノロジーズ作成。

　日本企業の売上高は1980年代終盤まで右肩上りで増えてきましたが、1990年代前半のバブル崩壊後はデフレ下で恒常的に伸び悩みました（図表５－１－１）。一方、そうした環境でも経常利益は堅調な拡大傾向を維持しました。2022年度と1990年度とを比較すると、売上高は約30年間で1.1倍にとどまりましたが、経常利益は2.5倍に拡大しています。

コスト削減とデフレの悪循環

　売上高が伸びないなかで日本企業が利益を増やすことができた要因は、大きく分けて二つあります。一つは海外進出です。大企業を中心に生産拠点の海外移転や現地企業の買収などが増加し、海外からの収益受取りが日本企業の利益増加に貢献するようになりました。もう一つの要因が国内のコスト削減です。日本企業は、原材料や部品などの調達先を新興国にシフトさせたり、エネルギー効率を高めたりしてコスト削減を図りました。しかし、売上高が伸びず、かつ製品やサービスの品質を維持するなかでの変動費の削減には限界があります。そこで企業は変動費の削減のみならず、有利子負債の早

図表５－１－２　付加価値に対する固定費の比率

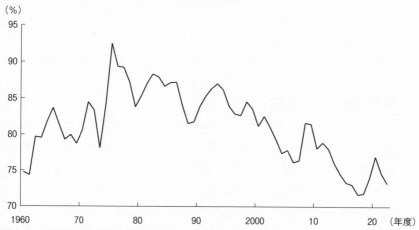

(%)

(注１)　全産業（除く金融保険業）、全規模ベース。
(注２)　付加価値＝営業利益＋人件費＋動産・不動産賃借料＋租税公課＋減価償却費。
(注３)　固定費＝人件費＋減価償却費＋支払利息等。
(出所)　財務省「法人企業統計調査（年次別調査)」より、みずほリサーチ＆テクノロジー
　　　　ズ作成。

期返済や雇用の非正規化、賃上げの見送り、設備投資（減価償却費）の抑制
といった固定費削減を余儀なくされました。

　図表５－１－２は、企業が生産活動を通じて新たに生み出した付加価値に
対する固定費の比率を示したものです[2]。1990年代以降、付加価値に対する
固定費の比率は低下トレンドが続きました。こうした動きは、日本企業が付
加価値という果実を労働者や設備に十分に分配してこなかったことを示して
おり、それだけ固定費の増加に対する企業の慎重姿勢が強かったといえるで
しょう。

2　法人企業統計調査における付加価値は「営業利益＋人件費＋動産・不動産賃借料＋
　租税公課」で計算され、これはいわゆる純付加価値に相当します。一方、本節では純付
　加価値に減価償却費を加えた値を付加価値として使用しており、これは厳密には粗付加
　価値に相当します。

企業が人件費を抑制したり負債の削減を優先して新たな投資を控えたりすることが続けば、個人消費や設備投資が冷え込みます。すると、国内需要の低迷がデフレ圧力をさらに強めて売上高を下押しし、企業は一段のコスト削減を強いられるようになります。デフレ下の日本企業はこうした悪循環に陥っていたと考えられます。

デフレ下で損益分岐点比率が低下

　一方、デフレが長期化するもとで、日本企業は売上高が減少しても利益がマイナス（赤字）になりにくい財務体質へと変わっていきました。企業が赤字にならないギリギリの売上高を「損益分岐点売上高」と呼びます。固定費を減らす、あるいは売上高に対する変動費の感応度を下げることで、損益分岐点売上高は減少します。前述の固定費削減に加えて、変動費である原材料・エネルギー価格の上昇を販売価格に転嫁せず、生産性向上によってコスト増を吸収するなどの経営努力の成果は、損益分岐点比率（実際の売上高に対する損益分岐点売上高の割合）の低下として確認することができます。

　日本企業の損益分岐点比率の動きを振り返ると、1990年代の半ば頃までは高水準で推移していましたが、日本経済がデフレに陥り日本銀行がゼロ金利政策を採用した1990年代の末頃から低下に転じました。さらに日本銀行が量的・質的金融緩和に踏み切った2013年以降、日本企業の損益分岐点比率は80％を下回る歴史的低水準で推移しました。日本銀行の金融緩和によって幅広い年限の金利水準が長期間低下し続けたことで、企業の支払利子負担が軽減され、損益分岐点比率が低下する一因になりました。

「金利のある世界」ではコスト削減が困難に

　以上は、「金利のある世界」が実現していない、2023年までの日本企業の姿です。コスト削減を優先した経営というと「守り」のイメージが強くなりますが、実際にはそうではありません。売上高が伸びないなかで利益を増やしてきたため、2022年の売上高経常利益率は６％と、高度成長期や平成バブル景気の３％前後をはるかに上回る水準にまで上昇しました。固定費を削減し、損益分岐点比率を引き下げて利益率を改善した日本企業の行動は、デフ

レ下における「攻め」の経営を追求した結果ともいえるでしょう。

　しかし、「金利のある世界」が実現すると、こうした経営環境は一変します。まず、固定費の増大は避けられません。2％物価が安定的に持続して金利が引き上げられると、新規借入れおよび借換えを通じて、企業の支払利子負担が増加します。また、生産性向上を背景に2％物価を上回る賃上げが持続するため、人件費コストも増加します。

　固定費の増加分を変動費の削減で相殺できれば、損益分岐点比率の上昇は避けられます。しかし、コストを吸収するためには、効率化・省力化のためのさらなる投資が必要になります。将来的には生産性向上につながる投資も、短期的には固定費の増大（利払い負担、減価償却費）を伴います。「金利のある世界」の企業は、損益分岐点比率の上昇を前提に、収益力の向上を図ることが求められます。

経営レバレッジの活用

　損益分岐点比率が上昇すると、多少の売上高の変動でも赤字に陥りやすくなり、経営のリスクが高まります。その一方で、企業は「経営レバレッジ」という、従来とは異なる収益拡大の手法を活用することができます。経営レバレッジとは売上高の変化に対する利益の感応度であり、利益に対する限界利益（売上高－変動費）の比率として算出されます[3]。

　一般に、損益分岐点比率の低い企業ほど売上高1単位の変化に対する利益の変化幅は小さくなります。デフレで売上高が減少しやすかった日本では、売上高に対する利益の感応度（経営レバレッジ）が低い企業のほうが、利益を安定的に獲得できました。しかし、デフレから脱却した世界では、固定費が増大し、経営レバレッジが上昇しやすい経営環境に転換します。経営レバレッジの大きい企業ほど利益の短期的な振れ幅がより大きくなります。売上高が平均的に前年比プラス（増収）で推移すると想定した「金利のある世

3　本節では経営レバレッジを「限界利益÷経常利益」として計算しています。一方、第3章第2節では似た指標として営業レバレッジ（限界利益÷営業利益）に言及しています。両者は分母に用いる利益指標が異なるだけで、意味するところは変わりません。

図表 5 － 1 － 3 　日本企業の損益分岐点比率と経営レバレッジ

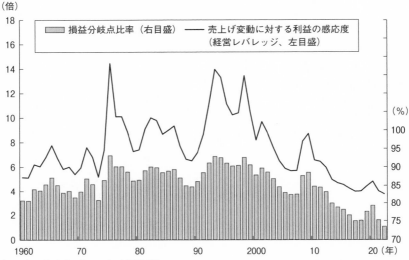

(注1)　全産業（除く金融保険業）。
(注2)　損益分岐点比率は売上高に対する損益分岐点売上高（固定費÷（1－変動費÷売
　　　　上高））の割合。変動費＝売上高－経常利益－固定費。固定費＝減価償却費＋人件
　　　　費＋支払利息等。
(注3)　経営レバレッジ＝（売上高－変動費）÷経常利益。
(出所)　財務省「法人企業統計」より、みずほリサーチ＆テクノロジーズ作成。

界」では、利益の前年比プラス（増益）幅が短期的に上振れる企業の割合が
相対的に高くなると考えられます。

　逆に、売上高を伸ばせない企業は従来よりも高い確率で赤字に転落するリ
スクがあります。「金利のある世界」とは経営レバレッジが上昇しやすい世
界であり、従来よりもハイリスク・ハイリターンな経営環境だといえます
（図表5－1－3）。

値下げから値上げへの発想転換

　売上高を伸ばす方法は、単純に整理すると①売上数量を伸ばすこと、②売
上単価を上げることの二つです。売上数量は景気動向に左右されますが、デ
フレ下の日本では、売上単価を引き下げることで売上数量を確保する企業が

多く見受けられました。

　しかし「金利のある世界」では固定費の増大は避けられず、売上単価の引下げは困難となります。景気に左右される売上数量を所与として、売上高を押し上げるためには、売上単価を引き上げるしかありません。「金利のある世界」において、企業は値下げやコスト削減で利益を稼ぐというデフレ思考の経営スタイルから脱却し、コスト増を価格転嫁しても売上数量が落ちないような付加価値の高い商品・サービスを開発・生産することが求められます。

2　家計が保有する金融資産のインフレ・円高リスク

　家計部門全体ではプラスの影響が生じる「金利のある世界」ですが、資産保有・資産形成という観点では、家計にも二つの無視できないリスクがあります。

インフレにより、株式の相対的な魅力度が向上

　第一に、インフレによる保有資産の実質的な減価です。第3章第3節で触れたように、インフレによって、現金・預金および債券の実質的な価値は目減りします。半面、株式の相対的な魅力度は高まります。正確にいうと、インフレによる「目減り」は、株式にも等しく影響を及ぼします。インフレ下における株式と現預金・債券の魅力の大きな違いは「期待収益率」です。

　日本経済の持続的な成長を前提としている本書の「金利のある世界」では、企業収益が改善し、株主に帰属する最終利益は増加すると想定しています。利益は配当あるいは自己株式取得（自社株買い）として株主に還元されるか、内部留保として将来の利益増加に貢献する設備投資や企業買収・合併（M&A）などに活用されます。いずれにせよ、利益の増加によって株式の価値が向上すると投資家が予想すれば、株式の買い手が増え、株価が上昇するという構図です。

　インフレ率が2％で安定するなか0.8％程度の実質GDP成長率が続くとい

うのが、本書の「金利のある世界」です。中長期的に、利益の増加は名目GDP成長率に連動する傾向があり、かつ株価の理論値がおおむね利益水準で決まることをふまえると、株価の期待収益率はインフレ率2％を上回ると考えられます。

　半面、現金・預金や債券は、株式のように経済成長に応じて収益率が高まるわけではありません。「金利のある世界」では預金金利は上昇しますが、長期金利や政策金利に対する預金金利の感応度が低いため、預金金利がインフレ率を下回るケースも十分に考えられます。

　また、一部の債券では、金利上昇時に市場価格が下落して元本が毀損するリスクがあります。たとえば金利上昇前に購入した個人向け社債を金利上昇後の市場価格で中途換金する場合、値下りにより損失が発生する可能性があります。債券を満期まで保有すれば、こうした市場価格の変動は関係ありませんが、上記のようにインフレによる実質価値の目減りからは逃れられません。

外貨建て資産の円高リスク

　家計にとっての第二のリスクは、円高です。「金利のある世界」では、株式の相対的な魅力度の高まりから、現金・預金および債券から株式（株式投信を含む）へと資金シフトが進むと考えられます。ただ、資金のシフト先は国内の株式のみとは限りません。デフレ下の日本では、低金利の国内預金・国内債券よりも、相対的に金利の高い外貨建ての預金・債券（外債投信を含む）を保有する動きが活発化しました。相対的に高い利回り水準に加えて、円安による為替差益も外貨建て金融資産の魅力でした。

　日本銀行が量的・質的金融緩和に踏み切った2013年から米国の中央銀行である連邦準備制度理事会（FRB）が利上げを終了した2018年まで、米国と日本との金利差は拡大し、円相場は対ドルで円安方向に動きました。2020年に始まったコロナ禍が終息し、欧米の中央銀行が利上げに転じた2022年頃からは、米国およびユーロ圏（ドイツ）との金利差が拡大し、円相場は対ドル・対ユーロで下落しました。デフレ脱却をねらった日本銀行の超低金利政

図表5－1－4　内外金利差（米国・ドイツ・中国）

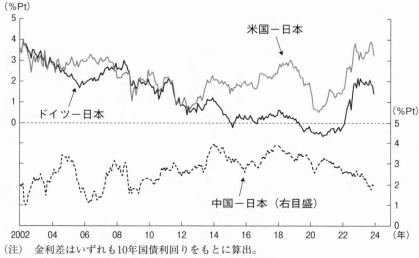

（注）　金利差はいずれも10年国債利回りをもとに算出。
（出所）　LSEGより、みずほリサーチ＆テクノロジーズ作成。

策が継続的な円安圧力となって、外貨建て金融資産への投資を促した面は否定できません（図表5－1－4）。

　しかし、本書の「金利のある世界」は円高の進行を想定しています。第3章第2節で示したように、日本の金利上昇による日米金利差の縮小を受け、ドル・円レートには約35円の円高・ドル安圧力が生じると試算しました。仮に、外貨建て金融資産の取得時のドル・円レートが1ドル＝150円だとすれば、35円の円高によって、円ベースの評価額は約23％目減りする計算となります。金利収入も同様に円高の影響を受けるため、「金利のある世界」では外貨建て金融資産の魅力度は相対的に下がると想定されます。

グローバルマネーが評価する日本株の魅力

　円高リスクを警戒した家計が投資先を海外から国内に一部シフトし、かつインフレに強い株式の保有割合を高めれば、日本の株価の上昇圧力は強まることになりそうです。一方、円高リスクとは関係なく、投資対象としての日

本株の魅力が増す可能性もあります。「金利のある世界」の前提でもある、生産性向上を伴ったデフレからの脱却は、海外投資家からみた日本株の再評価につながるためです。

　株式は、インフレ下で相対的に魅力を増す半面、デフレ下では預金や債券に比べ魅力的には映りません。実質ベースでみた預金や債券の収益率が十分に高く、むしろ値動きの大きい株式のリスクが意識されてしまうためです。デフレの国の株式は売られやすく買われにくいといわれます。それを象徴していたのが、世界第二位の経済大国、中国における2023年の株式相場の低迷です。

　当時の中国では、インフレ率（消費者物価指数の前年比変動率）が月次ベースでマイナスになるケースが目立ちました。ただ、「物価が持続的に下落する」というデフレの一般的な定義に鑑みると、中国は2023年の時点ではデフレの「懸念あり」という段階でした。中国政府の財政出動や、中国人民銀行による金融市場への潤沢な資金供給が、中国の景気や物価を下支えしました。

　しかし、かつて2桁の高成長を誇った中国経済の成長鈍化およびインフレ減速傾向は鮮明となりました。それを象徴するのが、2023年の名目GDP成長率の日中逆転現象です。中国の名目GDP成長率4.6％（速報ベース）に対し、日本の同成長率が5.7％（同）となり、1977年以来46年ぶりに、日本の成長率が中国を上回りました（図表5－1－5）。

　2023年は株価の動きも日中で明暗を分けました。日本株が騰勢を強めた半面、中国株は軟調な推移にとどまった結果、日本と中国との相対株価（日本株÷中国株）は大幅に上振れました。多くの投資家が、デフレ懸念の深まる中国からデフレからの本格脱却が期待できる日本株に、投資資金をシフトした可能性があります。「金利のある世界」が実現すれば、こうした傾向が一段と強まると想定されます。

　図表5－1－4で示したように、日本と中国の金利差（中国－日本）はすでに縮小傾向をたどっています。「金利のある世界」が実現すると、中国の

図表５−１−５　日中の名目GDP成長率と日中相対株価

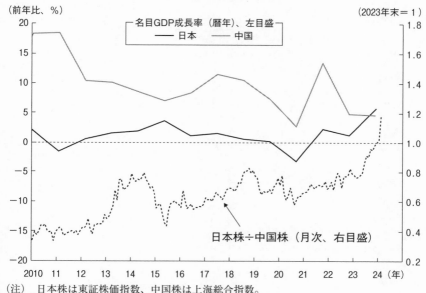

（注）　日本株は東証株価指数、中国株は上海総合指数。
（出所）　内閣府「四半期別GDP速報」、中国国家統計局、LSEGより、みずほリサーチ＆テクノロジーズ作成。

金利動向次第では日中金利差が逆転し、円高・人民元安が進行する可能性もあります。日本株の相対的な魅力度の高まりに為替差益をねらった円買いも加わって、中国から日本への投資マネーが流入する可能性も否定できません。「金利のある世界」における円高は、円建て金融資産が世界的に評価されるチャンスでもあるのです。

3　政府に求められる脱・日本銀行依存の財政運営

日本のソブリン格付は先進国のなかで下位

　日本の財政が、「金利のある世界」でも改善を見込みがたいことに関しては、第３章第４節で詳細に触れました。日本政府の債務残高は2023年末で

図表５－１－６　日本のソブリン格付、基礎的財政収支の推移

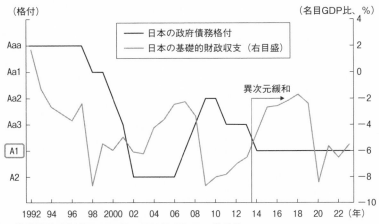

（注）　基礎的財政収支の2022年、2023年はIMFの推計値。
（出所）　IMF、Bloombergより、みずほリサーチ＆テクノロジーズ作成。

1027兆円と、名目GDPの２倍強にも及んでいます。これは先進国のなかでも群を抜いて大きく、しかも増加傾向に歯止めがかかっていません。

　政府債務の返済能力に対する評価も低いままです。米大手格付会社ムーティーズ・インベスターズ・サービスによると、日本の政府債務（ソブリン）格付はＡ１です。これは主要先進７カ国（Ｇ７）のなかでイタリアに次いで低く、先進国全体のなかでも下位に評価されています[4]。

　日本のソブリン格付は、2014年12月に引き下げられました。当時は、2014年10月に予定されていた消費税率の引上げ（８％→10％）が延期され、財政健全化目標である基礎的財政収支の黒字化に不確実性が増していました。もっとも、消費増税はその後も再延期され、さらにはコロナ禍で2020年以後の基礎的財政収支が大幅に悪化したにもかかわらず、日本のソブリン格付は2015年以後、引き下げられていません（図表５－１－６）。

　4　ムーディーズ社によると、格付Ａ１は「中級の上位と判断され、信用リスクが低い債務に対する格付」と説明されています。

日本銀行の国債買入れで格下げリスクが低下

　過去の先進国の事例をみると、財政収支の悪化が一過性でないことを格付会社が見極めるためには、おおむね3年から4年の期間を要しています。日本は2019年から財政収支の悪化が始まっており、2023年までに財政収支改善の動きは確認できませんでした。それでも日本のソブリン格付が引き下げられない理由は、日本銀行による国債の大量買入れだと考えられます。

　日本銀行は2013年の量的・質的金融緩和以後、長期国債を大量に購入してきました。日本銀行はあくまで2％物価目標の実現をねらって国債を購入したわけですが、もし日本銀行が大量の国債購入に踏み切っていなければ、長期金利は上振れし、政府の利払い負担は増大していたでしょう。その場合、格付会社は、日本の財政健全化が遅れるとの判断から、2023年までに日本のソブリン格付を現状よりも引き下げていた可能性は十分にあります。

　図表5－1－7は、日本のソブリン格付（ムーディーズ社の自国通貨建て長期債務格付）が、2023年末時点（A1）を下回る確率を推計したものです。推計に際しては、基礎的財政収支（名目GDP比）と、日本銀行が保有する長期国債の残高（同）を用いました。基礎的財政収支の悪化が格付の引下げに反映される4年程度のタイムラグを考慮しています。

　基礎的財政収支と日本銀行国債保有残高を用いたソブリン格下げ確率は、2009年以後、10％を下回っており、2023年末時点でもゼロ％と推計されます。一方、基礎的財政収支のみを用いた格下げ確率の推計だと、2013年から2018年にかけて、かなりの高確率で現状（A1）よりも低い格付になっていたとの結果になります。日本銀行による2013年以後の国債買入れが、日本のソブリン格付の維持に大きく貢献していた可能性を示唆しています。

　基礎的財政収支は2018年にかけて改善していたので、結果的に2023年時点のソブリン格付は、日本銀行の国債買入れが実施されていなかった場合でも、現状（A1）に回復していた可能性が高いことも推計結果は示しています。しかし、2019年から基礎的財政収支は再び悪化しています。日本の基礎的財政収支とソブリン格付の4年程度のタイムラグをふまえると、2024年以

図表５−１−７　日本のソブリン格付が現状（Ａ１）を下回る確率

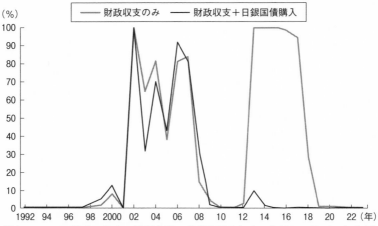

（注）　Probit回帰式で算出。説明変数は基礎的財政収支の名目GDP比（４年先行）
　　　　および日本銀行保有長期国債残高の名目GDP比の前年差。変数はいずれも
　　　　５％水準で有意
（出所）　IMF、日本銀行、Bloombergより、みずほリサーチ＆テクノロジーズ作
　　　　成。

後、日本銀行による大量の国債保有という支えを失うと、日本のソブリン格
付が現状（Ａ１）を維持できる確率は低くなります。

格付会社の警告

　実際、複数の大手格付会社は、日本銀行の国債買入れが日本のソブリン格
付を支えている旨を情報発信しています[5]。本書の「金利のある世界」は、
日本銀行が金融正常化に際して、国債市場や金融システムの安定性にも配慮
し、保有国債の残高を緩やかに縮小しながら政策金利を段階的に引き上げる
と想定しています（第４章第２節）。しかし、格付会社がこの想定を日本の
ソブリン格付にどう反映するかはわかりません。

　ソブリン格付の引下げ自体は、日本経済に直ちに深刻な影響を及ぼすわけ

5　詳細は宮嵜・白井（2023）を参照してください。

ではありません。それでも、金融市場がソブリン格下げに過剰反応し、金利が急激に上昇したり通貨や株価が大きく下落したりするリスクがあることは否定できません。政府は、「金利のある世界」の実現によって、ソブリン格付が引下げられる可能性が高まることを多くの国民と共有し、財政健全化の取組みに対する国民の理解が得られるよう努める必要があります。

〈**参考文献**〉

月岡直樹（2024）「デフレ圧力に直面する中国経済―デフレ回避の見通しだが、需要不足が続けば要注意―」、みずほリサーチ＆テクノロジーズ、Mizuho RT EXPRESS、2024年2月14日

宮嵜浩ほか（2023）「「金利のある世界」への日本経済の適応力」、みずほリサーチ＆テクノロジーズ、Mizuho RT EXPRESS、2023年11月21日

宮嵜浩・白井斗京（2023）「日本国債の格下げ、日銀の政策転換が契機に―長期国債購入ペースの鈍化が格下げに繋がる懸念―」、みずほリサーチ＆テクノロジーズ、Mizuho RT EXPRESS、2023年3月10日

再評価される「金利のある商品」

企業や家計、政府と同様に、銀行も「金利のある世界」への適応力が問われます。銀行は、預貸を通じて資金過不足を仲介する間接金融機能のみならず、「金利のある世界」にふさわしい金融商品を提供することが期待されます。本節では、デフレに転じる前の日本の金融市場を振り返りながら、「金利のある世界」で再評価される可能性がある金融商品を考察します。

1　複利効果の強みを活かす

運用効率を上げる複利効果

2024年以後、株式運用に対する世間の注目度は急速に高まりました。同年から開始した新少額投資非課税制度（NISA）や、世界的な株高の流れが、株式運用の追い風になりました。加えて、日本がデフレから本格脱却するという期待感も、国内外の投資家による日本株運用を促した面がありました。本章第1節で触れたように、インフレ下では、株式の相対的な魅力度が高まります。

一方、「金利のある世界」では、債券運用の「複利効果」も脚光を浴びる可能性があります。

資産運用で得た収益を投資元本（以下、元本）に加算する運用手法を複利運用といいます。債券の複利運用では償還までに受け取った利息が再投資されて元本が増加[1]するため、最終的に受け取る利息が累増し、運用効率が改

1　運用収益がプラスと仮定しています。たとえば株式運用などで運用収益がマイナスの場合、元本が毀損されます。なお、本稿における単利運用と複利運用のシミュレーションは債券運用を前提としていますが、株式運用についても同様の議論が可能です。

善します。複利運用をすることで得られる運用効果が「複利効果」です。なお、複利運用と対をなす概念を単利運用といいます。

複利効果を高める二つの方法

　以下では、二つのシミュレーションを通じて、複利効果を試算します。

　はじめに、元本1000万円、金利10%[2]で10年間運用するケースを想定します。

　単利運用の場合、元本はずっと1000万円のままなので、運用開始から10年間、毎年100万円（1000万円×10%）の利息を受け取ります。10年後には2000万円（1000万円（10年間の利息の合計）＋1000万円（元本））となり、1000万円が10年間で2000万円にまで増える計算です。

　一方、複利運用では、元本1000万円で運用開始後、1年後に受け取る100万円の利息は元本に加算され、運用開始から1年後の元本は1100万円になります。運用開始から2年後の利息は110万円（1100万円×10%）となり、単利運用より利息が高いことがわかります。10年後には約2593万円（1593万円（10年間の利息の合計）＋1000万円（元本））と、1000万円が10年間で2593万円にまで増加します。単利運用と複利運用とでは、複利運用のほうが593万円高いリターンを得ることができます。

　図表5－2－1は、上述の単利運用・複利運用の成果を示したグラフです。運用期間が長期にわたるほど、単利運用と複利運用の運用成果の差が広がり、複利効果が高まることがわかります。

　続いて、元本1000万円、金利1%で10年間運用するケースを想定します。

　10年後の運用結果について、単利運用の場合1000万円は1100万円に、複利運用の場合1000万円は1105万円になり、その差は5万円程度です（図表5－2－2）。複利運用のほうが高いリターンを得ることができますが、金利10%のときと比較すると、複利効果は限定的です。

　以上のシミュレーション結果から、①運用期間が長いほど複利効果が高まる、②金利が高いほど複利効果が高まるという、二つの示唆が得られます。

2　単利運用と複利運用の運用成果の差を明確に示すための例です。実際に本書で想定している金利水準とは異なります。

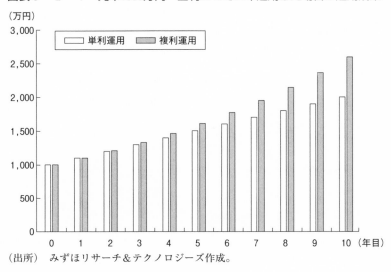

図表 5 − 2 − 1　元本1000万円・金利10%で10年運用した場合の運用成果

(万円)

(出所)　みずほリサーチ＆テクノロジーズ作成。

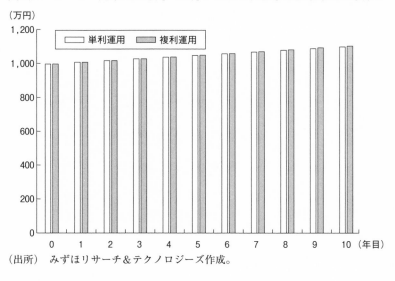

図表 5 − 2 − 2　元本1000万円・金利 1 %で10年運用した場合の運用成果

(万円)

(出所)　みずほリサーチ＆テクノロジーズ作成。

「金利のある世界」では、債券運用の複利効果は、家計にとってより魅力的に映るでしょう。

複利効果を実感できる「72の法則」

「金利のある世界」では、相対的に安全資産とされる金融商品であっても、複利効果が期待できる高金利商品となります。たとえば本書の「金利のある世界」の想定のもとで長期国債に投資すると、複利効果も相まって、投資元本は21年間で倍増する計算になります。2023年時点の金利水準では、投資元本が倍増するまで103年かかる計算でした。

投資元本が倍増するまでの期間は、「72の法則」を用いて簡単に計算できます。「72の法則」とは、ある利率のもとで複利運用[3]を行った場合、元本が2倍になるまでの期間を概算で求める方法です。計算式はきわめて簡単で、以下の算式で求めることができます。

72÷金利（％）＝投資期間（年）

たとえば金利が6％なら投資期間12年で、金利が8％なら投資期間9年で、元本がほぼ倍増する計算です。

「72の法則」を活用して、金利のある世界で想定している金利水準で運用成果をシミュレーションしたものが図表5－2－3です。

2023年時点の金利水準であれば、普通預金にお金を預けていても、元本が倍増するまでには7万2000年という途方もない年月がかかります。「金利のある世界」でも180年かかるため、一生のうちには倍増しそうもありません。他方で、定期預金、長期国債については、それぞれ180年が29年に、103年が21年にと、元本が2倍に増えるまでの期間が短縮化し、実現可能性がより実感できることになります。

「金利のある世界」における2023年対比での金利上昇幅は、定期預金

3　元本は積立投資ではなく、一括投資を想定しています。

図表 5 − 2 − 3　元本が 2 倍になるまでに必要な投資期間

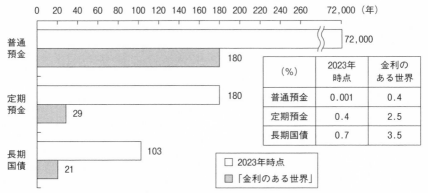

（注）　長期国債は、日本10年国債のこと。
（出所）　みずほリサーチ＆テクノロジーズ作成。

（＋2.1％Pt）や長期国債（＋2.8％Pt）のほうが普通預金（＋0.399％Pt）よ
り大きいと試算されます。「金利のある世界」では、定期預金や長期国債に
対するニーズが高まる可能性があります。

2　高い安全性・高い利回りを有する商品の復活

「金利のあった世界」で人気だった高利回り商品

　一般に、インフレに強い資産としては、株式のほかに不動産などがあげら
れます。実際、1980年代後半の「金利のあった世界」では、インフレが安定
的に推移するなか、株価や地価が急騰しました。その一方で、相対的に安全
とされつつも高いリターンが期待できる債券などの金融商品にも、国民の注
目が集まっていました。以下では、その代表例を紹介します。

　代表例の一つは「中期国債（中国）ファンド」です。償還期限 2 〜 4 年の
中期利付国債で運用され、①日本国債で運用されるという高い安全性、②高
金利環境を受けた高い収益性、③いつでも[4]手数料なしで解約できる普通預
金のような流動性を兼ね備えていた点が評価され、人気を博した金融商品で

す。1980年の発売開始以後、1990年代にかけて人気を誇った金融商品でしたが、低金利環境が定着した2000年代前半以後、中期国債ファンドの利回りが魅力的な水準を維持できなくなるなかで、残高が減少したとみられます。

　代表例のもう一つは「収益満期受取型貸付信託」です。1981年の販売開始以後、元本保証であることと高い利回りで人気を集めた金融商品です。貸付信託とは、個人の余剰資金を、主に重厚長大産業を中心に長期間にわたって貸し出し、そこから得られる利息を個人に還元するという仕組みです。特に収益満期受取型の場合、定期的な利息の支払いはなく、満期時または解約時にそれまでの利息が一括で支払われます。このため、本来払われるはずであった利息を複利で運用することが可能であり、一般的な貸付信託と比べても高い利回りが期待できました。しかし、その後低金利環境が定着したことで、投資妙味が薄れてきたことや、企業の長期借入需要が減少するなかで、2000年以後、大手信託銀行が相次いで新規募集を停止し、その役割を終えました。

高い安全性・高い利回りの金融商品が再登場する可能性

　そのほか、定額貯金や利付金融債といった、高い安全性と高い利回りの双方を有する商品も人気を博しました（図表5－2－4）。しかし、これらの金融商品は、その後の低金利環境において利回りが低下するなかで、国民の関心が徐々に薄れていきました。

　今後、「金利のある世界」が実現する場合、過去のような高い流動性・高い安全性・高い利回りを兼ね備えた商品の組成が復活する可能性があります。特に国債の金利水準が上昇すると、中期国債ファンドのような日本国債に投資する商品の魅力が増します。時代に即したかたちで、高い安全性のもとで高い利回りをもたらす商品が再登場する可能性があるでしょう。

4　買付けから30日未満の解約の場合、信託財産留保額を支払う必要があります。

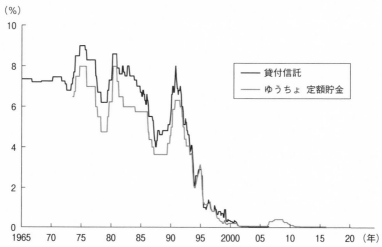

図表 5 − 2 − 4　貸付信託の予想配当率・定額貯金の適用金利

（注）　貸付信託は一般的な貸付信託の予想配当率を指し、収益満期受取型とは異なる点に留意（1965年 2 月〜2006年 6 月）。図表上の定額貯金はゆうちょの適用金利（ 3 年以上）を指す（1982年 1 月〜2024年 2 月）。

（出所）　日本銀行、ゆうちょ銀行、INDBより、みずほリサーチ＆テクノロジーズ作成。

3　収益増加に直結する預金の獲得

預金は低コストの資金調達

　高利回り商品の開発・提供は、「金利のある世界」における、銀行の新たなビジネスチャンスです。一方、銀行の伝統的・中核的なビジネスである貸出も「金利のある世界」で順調に伸びるという試算結果を、第 4 章第 3 節で示しました。貸出の原資となる資金の調達コストを引き下げて利ザヤを拡大することも、銀行にとっては従来以上に大きなビジネスチャンスとなります。

　本書の「金利のある世界」では、政策金利である無担保コール翌日物金利が2.75％に引き上げられると想定しました。資金調達コストの目安となる銀行間取引（インターバンク）金利は、無担保コール翌日物金利をベースに設

定されます。インターバンク金利よりも低い金利で資金を調達すれば、利ザヤが拡大して銀行の収益が押し上げられます。

　銀行にとって低コストで資金を調達する基本的な手段は預金を増やすことです。一般に、預金金利は政策金利よりも低く設定されます。本書の「金利のある世界」では、普通預金金利を0.4％、定期預金金利を2.5％と想定しました。ともに、政策金利を下回る水準です。

　半面、インターバンク金利は政策金利の水準を上回ります。銀行間の取引には一定の信用コストが存在すること、インターバンク金利の指標金利の期間が3カ月と政策金利（翌日）よりも長いこと等が、その理由と考えられます。

　図表5－2－5ではインターバンク金利（全銀協日本円TIBOR3カ月物）と定期預金金利（預入金額300万円以上1000万円未満、3カ月）とを比較しています。2016年2月のマイナス金利政策の導入以後、インターバンク金利は0.1％を下回る水準が続きましたが、その間、定期預金金利は一貫してインターバンク金利を下回っており、利ザヤ（インターバンク金利－定期預金金利）は辛うじてプラスです。2023年末時点では、インターバンク金利が0.08％、定期預金金利が0.004％でした。

　マイナス金利政策が導入される前（2016年1月以前）の利ザヤを振り返ると、2006年から2007年にかけての政策金利の引上げ（利上げ）局面で、利ザヤが大幅に拡大しています。マイナス金利の解除後、段階的に政策金利を引き上げると想定した「金利のある世界」でも同様に、利ザヤの拡大が続き、銀行の収益銀行の収益にプラスの影響があるでしょう。

金利の上昇幅は一様ではない

　預金金利および貸出金利は政策金利の影響下にあります。利上げ局面では預金・貸出金利はともに上昇します。しかしながら、預金金利および貸出金利の上昇幅は、資金需要の強さによって異なります。

　2023年からさかのぼって過去3回の利上げ局面を振り返ると、政策金利の変化に対する預金・貸出金利の感応度は異なっています[5]。たとえば平成バ

図表5－2－5　インターバンク金利と定期預金金利の推移

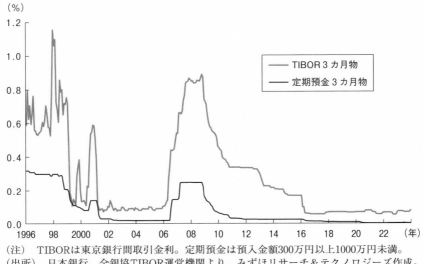

（注）　TIBORは東京銀行間取引金利。定期預金は預入金額300万円以上1000万円未満。
（出所）　日本銀行、全銀協TIBOR運営機関より、みずほリサーチ＆テクノロジーズ作成。

　ブル景気の真っただ中にあった1989〜1990年の日本は、企業の資金需要が強く、企業部門は大幅な資金不足でした。その結果、政策金利の上昇に対する感応度は、預金金利・貸出金利ともに相対的に高くなっています（図表5－2－6）。当時のインフレ率は2％前後で推移しており、本書の「金利のある世界」に近い経済・金融環境だったといえるでしょう。

「金利のある世界」の実現に向けて

　ただし、1989年から1990年にかけて行われた急速かつ大幅な利上げは、結果的にその後の景気後退につながり、株価や地価の暴落も相まって平成バブル景気は崩壊しました。日本銀行の政策判断は適切だったのか、利上げ開始が遅すぎたことが資産バブルを助長したのではないかとの批判があったのは第1章第2節でも触れたとおりです。1990年代以降、日本は長いデフレに苦

5　ここでは感応度を「政策金利の1％上昇に対し、預金・貸出金利が何％上昇したか」
　　と定義します。

図表５－２－６　過去の利上げ局面における預貸金利の感応度

	①1989年	②2000年	③2006～2007年
利上げ期間（回数）	16カ月（5回）	1カ月（1回）	8カ月（2回）
利上げ幅	＋2.75％Pt	＋0.25％Pt	＋0.50％Pt
預金金利（普通）の感応度	0.39	0.10	0.23
貸出金利（短期）の感応度	0.89	0.33	0.52

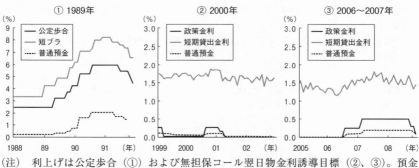

(注)　利上げは公定歩合（①）および無担保コール翌日物金利誘導目標（②、③）。預金
　　　金利は普通預金、貸出金利は短期プライムレート（①）および短期約定平均金利（②、
　　　③）。
(出所)　日本銀行より、みずほリサーチ＆テクノロジーズ作成。

しむことになったので、後からみれば当時の政策判断が正しかったとは必ず
しもいえないでしょう。

　経済に不確実性があるのは今後も同様です。本書では「金利のある世界」
を展望するために、各種金利の到達点や企業・家計の行動変化といった将来
の姿をあらかじめ想定してシミュレーションを行いました。しかしながら、
現実にはそれらを前もって把握することは当然できません。企業の活発な設
備投資が続くのか、2％物価目標が持続的・安定的に達成できるのか、金利
上昇が「よい金利高」と「悪い金利高」のどちらなのか――。こうした多く
の不確実な要素を一つずつ見極めながら、金融政策のかじ取りを適切に行っ
ていくことが日本銀行には求められます。

　そして、先行きに不確実な要素があるということは、それだけ個々の企業

や家計、金融機関の行動が将来の経済をかたちづくる余地もまた大きいということです。われわれ1人ひとりが日本経済の先行きについてどう考え、どのような選択をするかが、「金利のある世界」の実現に向けたカギを握っているといえるでしょう。

〈参考文献〉

白井斗京（2023）「「金利のある世界」は一様ではない─利上げ局面ごとの預金・貸出金利の考察─」、みずほリサーチ＆テクノロジーズ、Mizuho RT EXPRESS、2023年12月25日

國島佳恵・篠潤之介・今久保圭（2016）「わが国資産運用ビジネスの新潮流─「貯蓄から投資へ」の推進に向けて─」、日本銀行、日銀レビュー2016-J-16、2016年9月

上林敬宗（2000）「貸付信託の盛衰と今後の信託銀行」、法政大学経済学部学会、経済志林68巻2号、2000年11月

おわりに

　振り返ると「金利のある世界」という言葉が、みずほリサーチ＆テクノロジーズ調査部の職場で使われ始めたのは2023年春頃でした。当時は2022年12月に日本銀行がイールドカーブ・コントロール（YCC）を柔軟化する政策修正があり、2023年4月には植田和男氏が日本銀行の新総裁に就任したことから、「これから本当にマイナス金利が解除されるときが来るかもしれない」、世の中はそんな雰囲気だったように思います。

　一方で当時は、マイナス金利が解除されたとしても、そこからさらに金利が段階的に上昇していく世界、いわゆる「金利のある世界」が到来することへのリアリティはまだなかったように思います。それでも、エコノミストは世の中が注目する半歩先の変化をとらえることを期待される仕事であり、「金利のある世界」がきたら何が起こるだろうという話は、半ば自然発生的に調査部のエコノミストの間で始まるようになりました。

　「金利のある世界」のシミュレーションを本格的に開始したのは2023年夏です。2023年7月に日本銀行がYCCを再び修正し、すでにインフレ率も高水準にあったことから、「金利のある世界」の現実味が増してきました。そこで本書の執筆者を中心とする調査部のメンバーが集まり、仮説を立て、分析を開始しました。ただ筆者を含むほとんどのメンバーは1990年以前の「金利のある世界」が当たり前だった時代を社会人として経験していない世代です。肌感覚がないところに苦しむ場面はありましたが、さまざまな過去のデータを紐解きながら、分析を進めていきました。その際、特にありがたかったのが、みずほグループ各社で金融ビジネスに直接携わっている方々との議論です。シミュレーションの前提として考えるべき要素など、新たな気づきを得ることができました。

　ようやくシミュレーションの骨格ができたのが2023年秋頃です。分析結果をレポートとして発表したところ、ありがたいことに大きな反響がありまし

た。そのなかで「今回のシミュレーション内容を書籍にしてみないか」とお声掛けをくださったのが金融財政事情研究会の平野正樹氏です。ご縁があって書籍化を進めることになり、当時のシミュレーション結果をさらにブラッシュアップし、今回発刊に至ることができたことに深い感慨を覚えます。

　さて、本書で想定した「金利のある世界」は潜在成長率が高まり、インフレ率が２％で定着し、政策金利が３％弱になる世界です。もちろん経済や市場の不確実性は高く、現実に政策金利はそこまで上昇しないかもしれません。また、第２章で触れたように、潜在成長率が高まらないなかで一時的に金利が上昇してしまうような「悪い金利上昇」が、もしかすると起こるかもしれません。

　実は、今回のシミュレーションのもう一つの意義は、仮に上記のように異なる経済状態が生じたとしても、シミュレーションの前提を変えて再度試算し、影響の度合いをある程度考察することが可能な点にあります。たとえば第３章第２節では「金利のある世界」での業種別の経常利益への影響を、景気拡大要因、金利上昇要因、円高要因の三つに分けて試算しています。このうち潜在成長率が高まらず景気拡大の要因が仮に生じなかったとするとどうでしょう。当然、経常利益への影響はトータルでみれば本書と異なる結果になりますが、景気拡大要因を除くことで「悪い金利上昇」が起こった場合の影響を類推することは可能です（もちろん精緻に分析する場合、前提の考え方そのものを精査する必要がある点はご留意ください）。

　ぜひ「おわりに」までお読みくださった皆様には、そうした視点で、あらためてシミュレーション結果を眺めていただくと、今回われわれが提示したシナリオとは別の「金利のある世界」がみえてくるのではないかと思います。

　なお、みずほリサーチ＆テクノロジーズ調査部では、エコノミストが日々接する経済・市場データや政治・経済情勢の変化をふまえながら、先行きの物価や金利の予測、また内外経済・市場の行方などについて分析し、発信しています。本書をご覧くださりご興味をおもちになった方は、当社ホーム

ページに足を運んでいただけたら大変幸いです。また本書を通じ、リサーチ、そしてエコノミストの仕事にご興味をもっていただけたとしたら、慶びに堪えません。

　最後に、本書発刊の機会をくださった金融財政事情研究会の皆様、本分析にあたり議論へのお付合いをくださったみずほグループの皆様、執筆者にさまざまなご示唆をくださった調査部の皆様、執筆者を支えてくださったご家族の皆様、そしてこの書籍を手にとってくださった皆様に厚く御礼申し上げ、結びとしたいと思います。

2024年4月　著者を代表して

みずほリサーチ＆テクノロジーズ　調査部

有田　賢太郎

【展望】金利のある世界
　　——シミュレーションで描く日本経済・金融の未来図

2024年 7 月11日　　第 1 刷発行
2024年 9 月 3 日　　第 2 刷発行

編著者　服　部　直　樹
　　　　有　田　賢太郎
発行者　加　藤　一　浩

〒160-8519　東京都新宿区南元町19
発 行 所　一般社団法人 金融財政事情研究会
出 版 部　TEL 03(3355)2251　FAX 03(3357)7416
販売受付　TEL 03(3358)2891　FAX 03(3358)0037
URL https://www.kinzai.jp/

DTP・校正：株式会社友人社／印刷：三松堂株式会社

ISBN978-4-322-14447-5